地藏菩薩本願經
# 지장보살본원경

일러두기
- 본 경은 직역을 원칙으로 하였으나 부득이한 경우에는 의역하였습니다.
- 둘째 문장으로 분장한 후 구조분석을 통해 번역하였으므로 기존 유통본의 번역과 약간의 차이가 있습니다. 뒤에서 수식하는 문장은 앞으로 옮겨오고, 관형어(어떤)로 번역하던 '有'를 본동사로 해석했습니다. '어떤 사람이 ~'를 '~하는 사람이 있다'의 경우입니다.
- 본문 가운데 문장부호(., ,, :, ' ', " ")를 제외한 '( )'부분은 한문에는 없으나 편의상 삽입하였고, '〔 〕'부분은 한문에는 있으나 삭제하는 것이 좋을 듯하다고 판단되는 곳입니다.
- 가능한 상하단의 원문과 해석문이 일치하도록 하였으나 명사구가 나열되는 곳은 상하대역이 한두 쪽에 걸쳐 어긋나고 있음을 말씀드립니다.

갑신년 6월 편역자 적음

# 차 례

제 1 품 도리천궁신통품(忉利天宮神通品) …………… 5
제 2 품 분신집회품(分身集會品) …………………… 32
제 3 품 관중생업연품(觀衆生業緣品) ……………… 41
제 4 품 염부중생업감품(閻浮衆生業感品) ………… 54
제 5 품 지옥명호품(地獄名號品) …………………… 81
제 6 품 여래찬탄품(如來讚歎品) …………………… 89
제 7 품 이익존망품(利益存亡品) …………………… 112
제 8 품 염라왕중찬탄품(閻羅王衆讚歎品) ………… 125
제 9 품 칭불명호품(稱佛名號品) …………………… 146
제 10 품 교량보시공덕품(校量布施功德品) ………… 155
제 11 품 지신호법품(地神護法品) …………………… 166
제 12 품 견문이익품(見聞利益品) …………………… 173
제 13 품 촉루인천품(囑累人天品) …………………… 201

지장정근 · 탄백문 ………………………………… 213
지장보살즘부다라니 ……………………………… 214
지장경전 해설 ……………………………………… 215

# 지장보살본원경

(당의 삼장법사 법등역과 실차난타역 참고)

## 제1품 도리천궁에서 신통을 보이다

이와 같이 나는 들었습니다: 한때 부처님께서 어머니에게 설법을 하기 위하여 도리천에 계셨습니다.

그때 시방의 한량없는 세계에서 말할 수 없이 많은 모든 부처님과 큰 보살마하살들이 법회에 참석하여 찬탄하였습니다:

'석가모니 부처님은 오탁악세에서 불가

地藏菩薩本願經
三藏法師 法燈 唐譯(實叉難陀譯 參考)

○忉利天宮神通品 第一

如是我聞하사 一時에 佛이 在忉利天에서 爲母說法하시어늘 爾時에 十方無量世界 不可說 不可說 一切諸佛 及大菩薩摩訶薩이 皆來集會하사 讚歎하되 釋迦牟尼佛은 能於五濁惡世에 現不

사의한 큰 지혜와 신통력을 나타내어 억세고 거친 중생을 조복하여 고락의 법을 가르쳐 바른 길로 인도하신다.'

그리고 각기 시자를 보내 부처님께 문안을 드렸습니다.

이때 부처님께서 웃음을 머금으시고 백천만 억의 큰 광명의 구름을 놓으셨습니다. 대원만광명운, 대자비광명운, 대지혜광명운, 대반야광명운, 대삼매광명운, 대길상광명운, 대복덕광명운, 대공덕광명운, 대귀의광명운, 대찬탄광명운이었습니다.

可思議 大智慧神通之力하사 調伏剛强衆生하여 知苦樂法하시니
各遣侍者하사 問訊世尊하거늘
是時에 如來含笑하고 放百千萬億大光明雲하되 所謂 大圓滿光明雲 大慈悲光明雲 大智慧光明雲 大般若光明雲 大三昧光明雲 大吉祥光明雲 大福德光明雲 大功德光明雲 大歸依光明雲 大讚歎光明雲이라

이러한 말로 다할 수도 없이 많은 광명의 구름을 놓으시고, 또 여러 가지 미묘한 음성을 내셨습니다. 보시바라밀음, 지계바라밀음, 인욕바라밀음, 정진바라밀음, 선정바라밀음, 지혜바라밀음, 자비음, 희사음, 해탈음, 무루음, 지혜음, 대지혜음, 사자후음, 대사자후음, 운뢰음, 대운뢰음이었습니다.

이렇게 말로 다 표현하기 어려운 음성을 내시자, 사바세계와 타방국토에 있는 무량억 수의 천·용·귀신들도 도리천 궁으로

放如是等<sub>의</sub> 不可說光明雲已<sub>하</sub> 又出種種微妙之音<sub>하시니</sub> 所謂 檀波羅蜜音 尸羅波羅蜜音 羼提波羅蜜音 毗離耶波羅蜜音 禪波羅蜜音 般若波羅蜜音 慈悲音 喜捨音 解脫音 無漏音 智慧音 大智慧音 師子吼音 大師子吼音 雲雷音 大雲雷音<sub>이라</sub> 出如是等<sub>의</sub> 不可說不可說音已<sub>하시고</sub> 娑婆世界 及他方國土<sub>에</sub> 有無量億 天龍鬼神<sub>도</sub> 亦集到忉利天宮<sub>하니</sub> 所謂 四天王天 忉利天

모여들었습니다. 곧 사천왕천, 도리천, 수염마천, 도솔타천, 화락천, 타화자재천, 범중천, 범보천, 대범천, 소광천, 무량광천, 광음천, 소정천, 무량정천, 변정천, 복생천, 복애천, 광과천, 엄식천, 무량엄식천, 엄식과실천, 무상천, 무번천, 무열천, 선견천, 선현천, 색구경천, 마혜수라천, 그리고 비상비비상처천의 온갖 하늘 무리며, 용의 무리며, 귀신의 무리 등이 모두 법회에 모여들었습니다.

그뿐만 아니라 타방국토와 사바세계에

須燄摩天 兜率陀天 化樂天 他化自在天 梵衆天 梵輔天 大梵天 少光天 無量光天 光音天 少淨天 無量淨天 遍淨天 福生天 福愛天 廣果天 嚴飾天 無量嚴飾天 嚴飾果實天 無想天 無煩天 無熱天 善見天 善現天 色究竟天 摩醯首羅天 乃至 非想非非想處天의 一切天衆 龍衆 鬼神等衆이 悉來集會어늘 復有他方國土 及娑婆世界에 海神 江神 河神 樹神 山神 地

있는 해신, 강신, 하신, 수신, 산신, 지신, 천택신, 묘가신, 주신, 야신, 공신, 천신, 음식신, 초목신 등의 모든 신들도 모두 법회에 모였습니다.

또한 타방국토와 사바세계의 모든 대귀왕으로 악목귀왕, 담혈귀왕, 담정기귀왕, 담태란귀왕, 행병귀왕, 섭독귀왕, 자심귀왕, 복리귀왕, 대애경귀왕에 이르기까지 모두 다 법회에 모여들었습니다.

그때 석가모니 부처님께서 문수사리 법왕자 보살마하살에게 말씀하셨습니다:

神 川澤神 苗稼神 晝神 夜神 空神 天神 飲食神 草木神인 如是等神이 皆來集會늘

復有他方國土 及娑婆世界 諸大鬼王인 所謂 惡目鬼王 啖血鬼王 啖精氣鬼王 啖胎卵鬼王 行病鬼王 攝毒鬼王 慈心鬼王 福利鬼王 大愛敬鬼王인 如是等鬼王이 皆來集會늘

爾時에 釋迦牟尼佛이 告文殊舍利法王子菩薩摩訶薩하사되

"그대는 이 세계와 다른 세계, 이 국토와 다른 국토에서 지금 이렇듯이 이 도리천 궁에 모여든 모든 불보살들과 천·용·귀신들을 보라. 그대는 (저들을) 헤아릴 수 있겠는가?"

문수보살이 부처님께 아뢰었습니다: "세존이시여, 저의 신력으로는 설령 천 겁 동안 헤아린다 해도 알지 못하겠습니다."

부처님께서 문수사리에게 말씀하셨습니다: "내가 붓다의 눈으로 관찰하여도 그 수를 다 헤아리지 못할 정도로다. 이 대중

汝觀되 是一切諸佛菩薩 及天龍鬼神이 此世界 他世界 此國土 他國土에서 如是今來集會 到忉利天者니 汝知數不아 文殊舍利ㅣ 白佛言하되 世尊하 若以我神力으로 千劫에 測度이나 不能得知니다 佛告文殊舍利하사 吾以佛眼觀하나 猶不盡數이로 此皆是地藏菩

들은 지장보살이 오랜 겁을 지내면서 이미 제도하였거나 지금 제도하고 있거나 앞으로 제도할 자들이며, 또한 이미 성취시켰거나 지금 성취시키고 있거나 앞으로 성취시킬 자들이다."

문수사리가 부처님께 아뢰었습니다: "세존이시여, 저는 과거 오랫동안 선근을 닦아 걸림없는 지혜를 얻었으므로 부처님의 말씀을 듣고는 믿고 받아지닐 수 있습니다. 그러나 작은과를 얻은 성문이나 천 · 용 · 팔부와 미래세의 모든 중생들은 비

薩이 久遠劫來에 已度며 當度며 未度며 已成就며 當成就며 未成就니라

文殊舍利 白佛言하되 世尊하 我已過去에 久修善根하여 證無碍 智일새 聞佛所言하고 卽當信受어니와 小果聲聞과 天龍八部 及未來 世에 諸衆生等은 雖聞如來誠實之語나 必懷疑惑며 設使頂受라도

제1품 도리천궁신통품  11

록 부처님의 거룩하고 참된 말씀을 들을지라도 반드시 의혹을 품을 것이며, 설사 받을지라도 다시 비방하게 될 것입니다. 세존이시여, 지장보살마하살은 과거 어떠한 수행을 닦았고, 어떤 원을 세웠기에 이같은 부사의한 일을 성취할 수 있었는지 말씀하여 주십시오."

부처님께서 문수사리에게 말씀하셨습니다: "비유하자면 삼천대천 세계에 수없이 많은 숲속의 초목과 한량없는 산의 돌과 티끌의 수를 낱낱이 세어서 그 수만큼의

未免興謗하리 唯願世尊은 廣說地藏菩薩摩訶薩의 因地에 作何
行하고 立何願하여 而能成就不思議事하소서
佛告文殊舍利하사되 譬건대 如三千大千世界에 所有草木叢林과 稻
麻竹葦 山石微塵 一物一數로 作一恒河하고 一恒河沙一沙로 一
界하고 一界之內에 一塵 一劫하고 一劫之內에 所積塵數를 盡充爲

항하가 있다 하고, 이 항하의 모든 모래알 수와 같은 세계 안의 티끌 하나를 1겁으로 치며, 또다시 그 모든 겁 동안에 쌓인 먼지 수만큼의 겁이 있다고 할지라도 지장보살이 십지과위를 증득한 이래 교화한 자의 숫자는 위에서 말한 숫자의 비유보다 천 배는 더 많다. 하물며 지장보살이 성문이나 벽지불지에 있을 때까지이랴.

　문수사리여, 이 보살의 위신력과 서원은 생각하고 헤아릴 수 없다. 만일 미래세에 이 보살의 명호를 듣고 혹은 찬탄하거나,

劫면 地藏菩薩이 證十地果位한 以來의 千倍多於上喩늘 何況地藏菩薩이 在聲聞辟支佛地랴

文殊舍利여 此菩薩의 威神誓願은 不可思議니 若未來世에 有善男子 善女人이 聞是菩薩名字하고 或讚歎커나 或瞻禮거나 或稱名커나

우러러 보고 절하고, 명호를 부르거나, 공양을 올리거나, 형상을 그림으로 그리거나 조각하여 만들거나 형상에 보기 좋게 칠을 하는 선남자 선여인이 있다면, 이 사람은 삼십삼천에 백 번을 태어나고 영원히 악도에 떨어지지 않게 된다.

문수사리여, 지장보살마하살은 멀고 아득한 과거 말로 다할 수도 없는 오랜 겁 전에 큰 장자의 아들로 태어났었다. 그때 세상에는 사자분신구족만행여래라는 부처님이 계셨다. 그때 장자의 아들은 부처님

或供養 乃至 彩畵刻鏤塑漆形像하면 是人은 當得百返에 生於三十三天하여 永不墮惡道리라

文殊舍利여 是地藏菩薩摩訶薩은 於過去久遠에 不可說不可說劫前에 身爲大長者子어늘 時世有佛이니 號曰獅子奮迅具足萬行如

의 상호가 천복으로 장엄되어 있음을 보고 그 부처님께 여쭈었다: '어떠한 서원을 세워 수행하셨기에 부처님같은 상호를 이루셨습니까?'

사자분신구족만행여래는 장자의 아들에게 말씀하셨다: '이와 같은 몸을 이루려면 오랜 세월 동안 고통 받는 중생들을 제도하여 해탈시켜야 한다.'

문수사리여, 그때 장자의 아들은 곧 큰 서원을 세웠다: '제가 이제부터 미래세가 다하여 헤아릴 수 없는 겁이 될지라도 죄

來라 時에 長者子는 見佛相好千福莊嚴하고 因問彼佛하되 作何行願하여 而得此相이니까

時에 獅子奮迅具足萬行如來는 告長者子하되 欲證此身이며 當須久遠에 度脫一切受苦衆生하라

文殊舍利여 時에 長者子는 因發誓言하되 我今盡未來際不可計

제1품 도리천궁신통품 15

업으로 고통 받는 육도 중생을 위하여 널리 방편을 베풀어 다 해탈케 하고서야 저 자신도 불도를 이루리다.' 그로부터 지금까지 백천만억 나유타라는 말로 다할 수 없는 오랜 겁 동안을 아직도 (지장보살은) 보살행을 닦고 있다.

또 과거 생각도 할 수 없이 오랜 아승기 겁 전의 그때 세상에, 부처님의 수명이 사백천만 억 아승기 겁인 각화정자재왕여래라는 부처님이 계셨다. (그 부처님) 상법시대에 어느 바라문의 딸이 있었다.

劫에 爲是罪苦六道衆生하여 廣設方便하여 盡令解脫하고 而我自身은 方成佛道리 以是에 於彼佛前에서 立斯大願니 于今百千萬億那由 他不可說劫 尙爲菩薩이니라

又於過去不可思議阿僧祇劫에 時世有佛이니 號曰覺華定自在王如來시니 彼佛壽命은 四百千萬億阿僧祇劫이라 像法之中에 有一婆

(그녀는) 숙세에 닦은 복이 매우 깊고 두터워 여러 사람으로부터 흠모와 존경을 받았다. 가거나 서거나 앉거나 눕거나 간에 모든 천신들이 그녀를 지켜주었다. 그러나 그의 어머니는 삿된 것을 믿고 항상 삼보를 가벼이 여겼다. 이때에 딸은 여러 가지 방편으로 그녀의 어머니가 바른 생각을 갖게 하였지만, 그녀의 어머니는 온전한 믿음을 가지지 않았고, 오래지 않아 목숨이 다해 혼신이 무간지옥에 떨어졌다. 바라문의 딸은, 어머니가 살았을 적에 인

羅門女이니 宿福深厚하고 衆所欽敬하여 行住坐臥에 諸天衛護하나 其母信邪하고 常輕三寶를 是時에 聖女가 廣說方便하여 勸誘其母하며 令生正見이어 而此女母는 未全生信하여 不久命終하여 魂神이 墮在無間地獄하니 時에 婆羅門女는 知母在世에 不信因果라 計當隨業하여 必生惡

과를 믿지 않고 악업을 일삼았으므로 당연히 업에 따라 악도에 떨어졌을 것으로 짐작하고 집을 팔아서 좋은 향과 꽃 등 여러 공양구를 구입하여 선불(각화정자재왕여래)의 탑사에 가서 크게 공양을 올렸다.

　(바라문의 딸은) 그 절에 함께 모셔진 각화정자재왕여래의 위용이 아주 장엄한 것을 보고 더욱 공경하는 마음이 우러나 절을 하면서 혼자 생각하였다: '부처님은 큰 깨달음을 이루신 분이라 온갖 지혜를 갖추셨다. 만약 세상에 계신다면, 부처님

趣리 遂賣家宅하여 廣求香華 及諸供具하여 於先佛塔寺에 大興供養하다가

見覺華定自在王如來하니 其形像이 在一寺中하되 塑畵威容이 端嚴畢備어늘 時에 婆羅門女는 瞻禮尊容하고 倍生敬仰하여 私自念言하되 佛名大覺이며 具一切智시니 若在世時면 我母死後에 儻來問佛하면 必知

께 여쭈면 우리 어머니가 돌아간 곳을 알 수 있을 텐데.'

그리고 바라문의 딸은 오래도록 흐느껴 울며 부처님을 우러러 보며 기도하였다. 그때에 홀연히 공중에서 말소리가 들려왔다: '울고 있는 성녀여, 너무 슬퍼하지 말라. 내 이제 네 어머니가 간 곳을 일러주리라.'

(이에) 바라문의 딸은 공중을 향하여 합장하고 아뢰었다: '어떤 위신력과 덕이 있는 분이온대 저의 근심을 풀어 주십니까?

處<sup>처</sup>所<sup>소</sup>리라

時<sup>시</sup>에 婆<sup>바</sup>羅<sup>라</sup>門<sup>문</sup>女<sup>녀</sup>ㅣ 垂<sup>수</sup>泣<sup>읍</sup>良<sup>양</sup>久<sup>구</sup>하며 瞻<sup>첨</sup>戀<sup>연</sup>如<sup>여</sup>來<sup>래</sup>하니 忽<sup>홀</sup>聞<sup>문</sup>空<sup>공</sup>中<sup>중</sup>聲<sup>성</sup>曰<sup>왈</sup>되 泣<sup>읍</sup>者<sup>자</sup> 聖<sup>성</sup>女<sup>녀</sup>여 勿<sup>물</sup>至<sup>지</sup>悲<sup>비</sup>哀<sup>애</sup>하라 我<sup>아</sup>今<sup>금</sup>示<sup>시</sup>汝<sup>여</sup>母<sup>모</sup>之<sup>지</sup>去<sup>거</sup>處<sup>처</sup>리라

婆<sup>바</sup>羅<sup>라</sup>門<sup>문</sup>女<sup>녀</sup>ㅣ 合<sup>합</sup>掌<sup>장</sup>向<sup>향</sup>空<sup>공</sup>하야 而<sup>이</sup>白<sup>백</sup>空<sup>공</sup>曰<sup>왈</sup>하되 是<sup>시</sup>何<sup>하</sup>神<sup>신</sup>德<sup>덕</sup>이온데 寬<sup>관</sup>我<sup>아</sup>憂<sup>우</sup>慮<sup>려</sup>니까 我<sup>아</sup>自<sup>자</sup>失<sup>실</sup>母<sup>모</sup>已<sup>이</sup>來<sup>래</sup>로 晝<sup>주</sup>夜<sup>야</sup>憶<sup>억</sup>戀<sup>연</sup>이나 無<sup>무</sup>處<sup>처</sup>可<sup>가</sup>問<sup>문</sup>知<sup>지</sup>母<sup>모</sup>生<sup>생</sup>界<sup>계</sup>니다

제1품 도리천궁신통품

제가 어머니를 잃고 밤낮으로 생각하고 생각하였으나 어머니가 태어나신 곳을 물어볼 곳이 없습니다.'

그때 공중에서 다시 바라문의 딸에게 이르는 소리가 들렸다: '나는 너의 지극한 절을 받은 과거의 각화정자재왕여래다. 네가 어머니를 생각하고 사랑하는 마음이 보통 사람들보다 배나 더하기에 특별히 와서 일러주는 것이다.'

이 소리를 듣고 바라문의 딸은 감격하여 몸부림을 치다가 쓰러졌다. 팔 다리가 성

時에 空中有聲니 再報女曰하되 我是汝所瞻禮者한 過去覺華定自在王如來라 見汝憶母니 倍於常情衆生之分라 故來告示니라

婆羅門女ㅣ 聞此聲已한 擧身自撲하여 支節皆損니 左右扶侍어다 良

한 데가 없었다. 좌우에 있던 이들의 도움으로 한참만에야 겨우 정신을 차리고 일어나 공중을 향하여 아뢰었다: '부처님이시여, 인자하신 마음으로 저를 불쌍히 여기시어 우리 어머니가 태어난 곳을 어서 말씀하여 주십시오. 저는 이제 몸과 마음이 머지 않아 죽을 것 같습니다.'

그때 각화정자재왕여래는 성녀에게 말씀하셨다: '너는 공양이 끝나면 얼른 집으로 돌아가서 단정히 앉아 내 이름을 염송하여라. 그리하면 곧 네 어머니가 태어난

久方蘇<sup>한</sup>고 而白空曰<sup>하</sup>되 願佛慈愍<sup>하</sup>사 速說我母生界<sup>하소</sup>서 我今<sup>에</sup> 身心<sup>이</sup> 將死不久<sup>니</sup>다

時<sup>에</sup> 覺華定自在王如來ㅣ 告聖女曰<sup>하</sup>되 汝供養畢<sup>하</sup>고 但早返舍<sup>하</sup>여 端坐思惟<sup>하</sup>되 吾之名號<sup>하</sup>면 即當知母所生去處<sup>리</sup>라

곳을 알게 될 것이다.'

이때 바라문의 딸은 부처님께 예배드리고 곧장 집으로 돌아와 단정히 앉아 어머니를 생각하며 각화정자재왕여래를 염하였다. 그렇게 하루낮밤이 지나자 홀연히 자신이 한 바닷가에 와 있음을 알게 되었다. 그 바닷물은 펄펄 끓고 있었고, 주위에는 몸뚱이가 모두 쇠로 된 험악한 짐승들이 바다 위를 동서로 날아다니고 있었다. 그 험악한 짐승들이 그 바다 속에 빠져 버둥대는 백천만 명의 남녀들을 다투어

時에 婆羅門女는 尋禮佛已하고 卽歸其舍하여 以憶母故로 端坐하여 念
覺華定自在王如來하되 經一日一夜니 忽見自身이 到一海邊하니 其
水湧沸하고 多諸惡獸되 盡復鐵身으로 飛走海上하되 東西馳逐이라 見諸
男子女人 百千萬數ㅣ 出沒海中한데 被諸惡獸ㅣ 爭取食啖하며

잡아 뜯어먹고 있었다.

또 가지가지 이상한 모습의 야차가 있었다. 손과 눈이 여럿이거나 다리와 머리도 여럿이거나 또 어금니가 입밖으로 튀어나와 마치 날카로운 갈고리와 같았다. 이들 죄인들을 험악한 짐승에게 가까이 몰아주거나 또 스스로 거칠게 움켜잡아 발과 머리를 엮어 가는 그 꼴이 천만 가지라 차마 오래 볼 수 없었다. 그러나 그때 바라문의 딸은 부처님을 생각하는 힘 덕분에 자연히 두려움이 느껴지지 않았다.

又見夜叉<sub>는데</sub> 其形各異<sub>하여</sub> 或多手多眼<sub>이며</sub> 多足多頭<sub>라</sub> 口牙外出<sub>하</sub> 利刃如劍<sub>이니</sub> 驅諸罪人<sub>하여</sub> 使近惡獸<sub>하며</sub> 復自搏攫<sub>하여</sub> 頭足相就<sub>라</sub> 其形萬類<sub>하여</sub> 不敢久視<sub>다</sub> 時<sub>에</sub> 婆羅門女<sub>는</sub> 以念佛力故<sub>로</sub> 自然無懼<sub>다</sub>

(그곳에는) '무독'이라는 귀왕이 있었다. (귀왕이) 머리를 조아리고 거룩한 여인인 성녀를 맞이하면서 말하였다:

'장하십니다. 보살은 어떤 까닭으로 이곳에 오셨습니까?'

그때 바라문의 딸이 귀왕에게 물었다: '이곳은 어떤 곳입니까?'

무독이 답했다: '이곳은 대철위산 서쪽에 있는 첫번째 겹의 바다입니다.'

성녀가 물었다: '철위산 속에는 지옥이 있다고 들었는데, 그것이 사실입니까?'

有一鬼王인데 名曰無毒이라 稽首來迎하며 白聖女曰하되
善哉라 菩薩은 何緣로 來此니까
時에 婆羅門女ㅣ 問鬼王曰하되 此是何處니까
無毒答曰하되 此是大鐵圍山의 西面 第一重海니다
聖女問曰하되 我聞鐵圍之內에 地獄在中이라더니 是事實不니까

무독이 답했다: '지옥이 실제 있습니다.'

성녀가 물었다: '제가 지금 어떻게 하여 지옥까지 올 수 있었습니까?'

무독이 답했다: '부처님의 위신력이 아니면 업력에 의한 것뿐입니다. 이 두 가지가 아니고서는 결코 올 수 없습니다.'

성녀가 또 물었다: '이 물은 어찌한 까닭에 저렇게 용솟음쳐 끓어오르며, 어찌하여 죄인과 험악한 짐승들이 저렇게 많습니까?'

무독이 대답했다: '이곳은 남염부제에서

無毒答曰하되 實有地獄이니다

聖女問曰하되 我今云何하여 得到獄所니까

無毒答曰하되 若非威神이나 卽須業力의 非此二事면 終不能到니다

聖女又問하되 此水何緣을 而乃湧沸며 多諸罪人 及以惡獸니까

無毒答曰하되 此是閻浮提의 造惡衆生 新死之者ㅣ 經四十九

악한 짓을 하고 죽은 중생이 49일이 지나도록 그를 위해 공덕을 지어 고난에서 건져주는 일이 없거나 살았을 적에 착한 일을 지은 것이 없으면 어쩔 수 없이 본래 지은 업을 따라 지옥에 떨어지게 되어 자연히 이 바다를 먼저 건너게 됩니다.

 이 바다 동쪽으로 십만 유순을 지나면 또 한 바다가 있는데 그곳의 고통은 이곳의 배나 되고, 그 바다 동쪽에 또 한 바다가 있는데, 거기의 고통은 또다시 그 배나 됩니다. 이 고통은 삼업으로 지은 나쁜 원

日이나 無人繼嗣 爲作功德하여 救拔苦難이나 生時에 又無善因이라 當據本業所感地獄하여 自然先渡此海니다

海東十萬由旬에 又有一海니 其苦倍此며 彼海之東에 又有一海니 其苦復倍라 三業惡因之所招感일새 共號業海니 其處是也니다

인으로 받게 되는 것이며 모두 업의 바다라 하는데 그곳이 바로 여기입니다.'

성녀가 또 귀왕 무독에게 물었다: '지옥은 어디에 있습니까?'

무독이 대답했다: '저 세 바다 속이 바로 대지옥입니다. 그 지옥의 수가 백천이나 되며 각각 차별이 있습니다. 대지옥이 열여덟이고, 그 다음 것이 오백이고, 또 그 다음 것이 천백이나 있는데, 그 지독한 고초는 한량없습니다.'

성녀가 대귀왕에게 또 물었다: '우리 어

聖女ㅣ 又 問鬼王無毒曰하되 地獄何在닛까

無毒答曰하되 三海之內에 是大地獄인데 其數百千이며 各各差別이라 所謂 大者 具有十八하고 次有五百인데 苦毒無量이며 次有千百도 亦無量苦다

聖女ㅣ 又 問大鬼王曰하되 我母死來未久나 不知魂神이 當至何

머니는 돌아가신 지 얼마 되지 않았는데 혼신이 어느 곳에 갔는지 알 수 없겠습니까?'

귀왕이 성녀에게 물었다: '보살의 어머니는 생전에 어떤 일을 하셨습니까?'

성녀가 답했다: '저의 어머니는 소견이 그릇되어 삼보를 비방하였고, 설혹 잠깐 믿다가도 이내 돌이켜 또 공경치 않았습니다. 돌아가신 지는 비록 며칠이 되지 않았지만 태어난 곳을 알 수 없습니다.'

무독이 물었다: '보살의 어머니는 성씨

趣니까

鬼王이 問聖女曰하되 菩薩之母는 在生習何行業니까

聖女答曰하되 我母邪見하여 譏毁三寶하며 設或暫信하여도 旋又不敬하며

死雖日淺이라 未知生處니다

無毒問曰하되 菩薩之母는 姓氏何等이니까

가 무엇입니까?'

성녀가 답했다: '저의 부모는 바라문족으로 아버지는 '시라선현'이고 어머니는 '열제리'입니다.'

무독이 합장하고 고개 숙여 예를 표하며 보살에게 말하였다: '성녀는 조금도 걱정하거나 슬퍼하지 마시고 집으로 돌아가십시오. 죄인이었던 열제리는 천상에 난 지 이제 사흘이 되었습니다. 효순한 자식이 어머니를 위하여 각화정자재왕여래의 탑사에 공양을 올리고 복을 닦은 공덕으로

성녀답왈 아부아모 구바라문종 부호시라선현 모호열
聖女答曰하되 我父我母는 俱婆羅門種으로 父號尸羅善現이고 母號悅

제리
帝利니다

무독 합장 계보살왈 원성자 각반본처 무지우억비연
無毒이 合掌하고 啓菩薩曰하되 願聖者는 却返本處하고 無至憂憶悲戀하소

열제리죄녀 생천이래 경금삼일 운승효순지자 위모
悅帝利罪女는 生天以來 經今三日이니 云承孝順之子ㅣ 爲母하여

설공수복보시 각화정자재왕여래탑사 비유보살지모 득
設供修福布施하되 覺華定自在王如來塔寺라 非惟菩薩之母는 得

제1품 도리천궁신통품 29

보살의 어머니뿐만 아니라 그날 이 무간지옥에 있던 죄인 모두가 함께 천상에 태어나는 기쁨을 누리게 되었습니다.'

귀왕은 말을 마치고 합장하고 물러갔다.

꿈결같이 집으로 돌아온 바라문의 딸은 모든 사실을 깨닫고, 곧 각화정자재왕여래의 탑상 앞으로 나아가서 이렇게 큰 서원을 세웠다: '저는 미래 겁이 다하도록 죄의 고통에 빠진 중생이 있으면 널리 방편을 베풀어 기필코 해탈케 하겠습니다.'"

부처님께서 문수사리에게 말씀하셨습니

脫地獄<sup>하여</sup> 應是無間<sup>이라</sup> 此日罪人<sup>은</sup> 悉得受樂<sup>하여</sup> 俱同生訖<sup>이니다</sup>
鬼王<sup>이</sup> 言畢<sup>하고</sup> 合掌而退<sup>어늘</sup>
婆羅門女<sup>는</sup> 尋如夢歸<sup>하여</sup> 悟此事已<sup>하고</sup> 便於覺華定自在王如來
塔像之前<sup>에서</sup> 立弘誓願<sup>하되</sup> 願我盡未來劫<sup>도록</sup> 應有罪苦衆生<sup>을</sup> 廣設
方便<sup>하여</sup> 使令解脫<sup>하리다</sup>

다: "그때의 귀왕 무독은 지금의 재수보살이고, 바라문의 딸은 바로 지금의 지장보살이다."

佛告文殊舍利<sup>하사</sup> 時<sup>에</sup> 鬼王無毒者<sup>는</sup> 當今財首菩薩<sup>이</sup> 是<sup>요</sup> 婆羅門女者<sup>는</sup> 卽地藏菩薩<sup>이</sup> 是<sup>니라</sup>

## 제2품  분신들이 법회에 모이다

그때 백천만억의 생각할 수도 없고 의논할 수 없으며 셀 수 없고 말로 다할 수도 없는 그 무량무수한 아승기 세계의 지옥에 있던 지장보살의 분신들이 모두 다 도리천궁에 모여들었습니다. 또한 여래의 위신력으로 인해 자기가 받은 업의 세계로부터 벗어난 천만억 나유타 수의 무리들이 함께 부처님께 향과 꽃을 공양하였습니다.

함께 온 무리들은 모두가 지장보살의 교화로 아뇩다라삼먁삼보리에서 영원히 물

○分身集會品 第二

爾時에 百千萬億의 不可思 不可議 不可量 不可說 無量阿僧祇世界 所有地獄處에 分身地藏菩薩이 俱來集在忉利天宮하니 以如來神力故로 各以方面에서 與諸得解脫 從業道出者ㅣ 亦各有千萬億那由他數ㅣ니 共持香華來供養佛하거늘

러서지 않게 된 자들이었습니다. 이 모든 무리들은 멀고먼 겁으로부터 오면서 생사의 물결에 빠져 육도에 떠돌면서 고통을 받아 잠깐도 쉴 틈이 없었지만 지장보살의 광대한 자비와 깊은 서원력으로 각기 도과를 증득하고 도리천에 이르렀으니, 뛸 듯이 기뻐하며 잠시도 한눈을 팔지 않고 부처님을 우러러 뵈었습니다.

그때 세존께서 금빛 팔을 펴시어 백천만억의 생각할 수 없고, 의논할 수 없고, 헤아릴 수 없고, 말로 다할 수도 없는 무량

彼諸同來等輩는 皆因地藏菩薩敎化로 永不退轉於阿耨多羅三藐三菩提라 是諸衆等이 久遠劫來로 流浪生死하여 六道受苦하는데 暫無休息이라 以地藏菩薩의 廣大慈悲深誓願故로 各獲果證하니 旣至忉利하여 心懷踊躍하고 瞻仰如來하는데 目不暫捨더라 爾時에 世尊이 舒金色臂하고 摩百千萬億 不可思 不可議 不可量

무수한 아승기 세계의 모든 화신 지장보살의 이마를 어루만지시면서 말씀하셨습니다: "내가 오탁악세에서 억세고 거친 중생을 교화하여 그 마음을 조복시켜 삿된 것을 버리고 바른 길로 돌아오게 하였다. 하지만 아직도 열에 한두 명은 악습에 빠져 있다. 또한 천백억 분신을 나타내어 널리 방편을 베풀어 교화하는데 근기가 밝고 영리한 자는 법을 들으면 곧 믿어서 받아들이며, 좋은 과보를 받고 있는 자는 부지런히 권하면 바른 것을 이루지만 둔하고 어

不可說 無量阿僧祇世界의 諸分身 地藏菩薩摩訶薩頂하 而作
是言하사되 吾ㅣ 於五濁惡世에 敎化如是 剛强衆生하여 令心調伏하고
捨邪歸正이나 十有一二는 尙在惡習이라 吾亦分身千百億으로 廣設方
便이나 或有利根은 聞卽信受하 或有善果면 勤勸成就인데 或有暗
鈍은 久化方歸하고 或有業重하여 不生敬仰하니라

두운 자는 오래 교화하여야 겨우 귀의하고, 업이 무거운 자는 우러러 공경하는 마음을 내지도 않는다.

이렇듯 중생의 무리는 각기 차이가 있으므로 여러 가지 모습의 분신을 나타내어 그들을 제도한다. 때로는 남자의 몸이나 여자의 몸을 나타내기도 하며, 때로는 천신이나 용의 몸을 나타내거나 귀신의 몸을 나타내기도 하며, 혹은 산·숲·내·들·강·못·샘·우물을 나타내어 사람을 이롭게 하면서 모두 다 제도하여 해탈케 하

如是等輩衆生은 各各差別이라 分身度脫하 或現男子身 或現女人身 或現天龍身 或現鬼神身 或現山林川源 河池泉井대 利及於人을 悉皆度脫하며 或現帝釋身 或現梵王身 或現轉輪王身 或現居士身 或現國王身 或現宰輔身 或現官屬身 或現比丘

고, 때로는 제석천왕의 몸으로, 범왕의 몸으로, 전륜왕의 몸으로, 거사의 몸으로, 국왕의 몸으로, 재상의 몸으로, 관속의 몸으로, 비구·비구니·우바새·우바이의 몸으로, 성문·아라한·벽지불·보살 등의 몸을 나타내어 교화하고 제도한다. 붓다의 몸만을 나타내는 것이 아니다.

그대는, 내가 여러 겁 동안 억세고 거친 죄업의 과보 때문에 고통을 받는 교화하기 어려운 중생들을 부지런히 제도하였으나 그 중에는 아직도 나쁜 마음을 조복받지

比丘尼 優婆塞 優婆夷身 乃至 聲聞 羅漢 辟支佛 菩薩等
身하여 而以化度니 非但佛身은 獨現其身이니라

汝觀하되 吾累劫에 勤苦度脫如是等의 難化剛强 罪苦衆生하나 其
有未調伏者ㅣ 隨業報應하여 若墮惡趣하며 受大苦時어든 汝當憶念하되

못하고 죄보 때문에 악도에 떨어져 크게 괴로워하는 중생들을 보게 되면,〔그대는〕내가 이 도리천 궁에서 간절히 부촉한 것을 생각하여, 사바세계에 미륵불이 출세할 때까지 이 중생들을 해탈케 하고 영원히 모든 괴로움을 여의게 하며, 부처님을 만나뵙고 기별을 받게 하여라."

그때 모든 세계에서 모인 모든 지장보살의 분신들이 다시 한몸을 이루어 애절한 마음으로 눈물을 흘리면서 부처님께 아뢰었습니다:

吾在忉利天宮에서 慇懃付囑하되 令娑婆世界에 至彌勒出世 已來
衆生을 悉使解脫하고 永離諸苦하여 遇佛授記어라
爾時에 諸世界分身地藏菩薩이 共復一形하여 涕淚哀戀하여 而白佛言하되

제2품 분신집회품

"(세존이시여) 제가 멀고먼 겁으로부터 오면서 부처님의 인도를 받아 불가사의한 신력을 얻고 크나큰 지혜를 갖추었습니다. 저는 저의 분신들이 백천만억 항하사 세계에 몸을 나투어, 한 세계마다 백천만억 분신으로 화현하고, 그 한 몸마다 또 백천만억 사람을 제도하여 삼보께 귀의하도록 하며 영원히 나고 죽는 것을 여의고 열반락에 이르도록 하겠습니다. 다만 불법 속에서 한 터럭·한 물방울·한 모래·한 티끌, 혹은 털끝만치라도 선한 일을 하게 되

아종구원겁래로 몽불접인하여 사획불가사의신력하고 구대지혜로
我從久遠劫來로 蒙佛接引하여 使獲不可思議神力하고 具大智慧로
아소분신이 변만백천만억 항하사세계하며 매일세계에 화백천
我所分身이 遍滿百千萬億 恒河沙世界하며 每一世界에 化百千
만억신하고 매일신이 도백천만억인하여 영귀경삼보하고 영리생사하여
萬億身하고 每一身이 度百千萬億人하여 令歸敬三寶하고 永離生死하여
지열반락하되 단어불법중에서 소위선사하되 일모일적이며 일사일진이며
至涅槃樂하되 但於佛法中에서 所爲善事하되 一毛一滴이며 一沙一塵이며
혹호발허라도 아점도탈하여 사획대리로다 유원세존하 불이후세악업
或毫髮許라도 我漸度脫하여 使獲大利로다 唯願世尊하 不以後世惡業

면, 제가 점차로 제도하여 해탈시켜 큰 이익을 얻게 하겠습니다. 세존이시여, 후세의 악업중생에 대해서는 염려하지 마옵소서."

이렇게 세 번 부처님께 말씀드렸습니다: "세존이시여, 후세의 악업중생에 대해서는 염려하지 마옵소서."

이때 부처님께서는 지장보살을 찬탄하시며 말씀하셨습니다: "좋다, 좋다. 내가 그대의 기쁨을 더하게 하리라. 그대는 아득한 겁으로부터 세운 큰 서원을 성취하

衆生은 爲慮하소서

如是三 白佛言하되 唯願世尊은 不以後世惡業衆生爲慮하소서

爾時에 佛讚地藏菩薩言하사되 善哉 善哉라 吾助汝喜리라 汝能成就

久遠劫來에 發弘誓願하 廣度將畢하고 即證菩提리라

여, 널리 중생을 제도한 연후에 곧 부처의 깨달음을 얻을 것이다."

## 제3품 중생들의 업연을 관찰하다

그때 부처님의 어머니 마야 부인이 공손히 합장하며 지장보살에게 여쭈었습니다:

"성자시여, 염부제 중생이 짓는 갖가지 업과 그에 따라 받는 과보는 어떠합니까?"

지장보살이 대답하였습니다: "천만 세계의 모든 국토에 지옥이 있기도 하고 없기도 하며, 여인이 있기도 하고 없기도 하며, 불법이 있기도 하고 없기도 하며, 성문과 벽지불도 역시 그렇듯이 지옥의 죄보도 한 가지만 있는 것이 아닙니다."

○觀衆生業緣品 第三

爾時에 佛母摩耶夫人이 恭敬合掌하고 問地藏菩薩言하되 聖者여 閻浮衆生이 造業差別하고 所受報應은 其事云何니까

地藏答言하되 千萬世界와 乃及國土에 或有地獄하며 或無地獄하며 或有女人하며 或無女人하며 或有佛法하고 或無佛法하며 乃至 聲聞 辟支

마야 부인이 거듭 지장보살에게 여쭈었습니다: "그러면 염부제에서의 죄보로 나쁜 곳에 떨어져 과보를 받는 것에 대하여 듣고자 합니다."

지장 : "성모시여, 잘 들으십시오. 제가 대강 말씀하겠습니다."

성모 : "성자시여, 말씀해 주십시오."

이때 지장보살이 성모께 말하였습니다: "남염부제에서 받게 되는 죄보의 이름은 대개 이렇습니다.

부모에게 불효하고 살해까지 하는 중생

佛도 亦復如是하니 非但地獄罪報一等이니다

摩耶夫人이 重白菩薩하되 且願聞於閻浮罪報하고 所感惡趣니까

地藏答言하되 聖母여 唯願聽受소서 我粗說之리다

佛母白言하되 願聖者說하소서

爾時에 地藏菩薩이 白聖母言하되 南閻浮提의 罪報名號는 如是니다

은 무간지옥에 떨어지게 되어 천만억 겁이 지나도 벗어날 기약이 없습니다.

부처님의 몸에 피를 내거나 삼보를 비방하고 경전을 존중치 않는 중생은 무간지옥에 떨어져 천만억 겁이 지나도록 벗어날 기약이 없게 됩니다.

또한 절의 재물을 훔치거나 손해를 끼치고 비구·비구니를 더럽히며, 혹은 절 안에서 방자하게 음행을 하거나 생명을 죽이고 해치는 중생이 있다면, 이러한 사람들도 무간지옥에 떨어져 천만억 겁이 지나도

若有衆生이 不孝父母하고 或至殺生하면 當墮無間地獄하여 千萬億劫에 求出無期니라

若有衆生이 出佛身血하고 毀謗三寶하며 不敬尊經하면 亦當墮於無間地獄하여 千萬億劫에 求出無期니라

若有衆生이 侵損常住하고 點汚僧尼하며 或伽藍內에 恣行淫欲하며 或

제3품 관중생업연품   43

벗어날 기약이 없습니다.

또 마음은 사문이 아니면서 거짓으로 사문이 되어 절의 재물을 함부로 쓰고 신도를 속이며, 계율을 어겨 갖가지 나쁜 짓을 하는 중생이 있다면, 이 무리들도 무간지옥에 떨어져 천만억 겁이 지나도 벗어날 기약이 없습니다.

그리고 절 재산을 훔치거나 재물·곡식·음식·의복 가운데 단 한 가지라도 주지 않는 것을 취하는 중생은 무간지옥에 떨어져 천만억 겁이 지나도 벗어날 기약이 없

殺或害<sub>하면</sub> 如是等輩<sub>는</sub> 當墮無間地獄<sub>하여</sub> 千萬億劫<sub>에</sub> 求出無期<sub>니다</sub>
若有衆生<sub>이</sub> 僞作沙門<sub>하고</sub> 心非沙門<sub>하며</sub> 破用常住<sub>하고</sub> 欺誑白衣<sub>하며</sub> 違背戒律<sub>하여</sub> 種種造惡<sub>하면</sub> 如是等輩<sub>는</sub> 當墮無間地獄<sub>하여</sub> 千萬億劫<sub>에</sub> 求出無期<sub>니다</sub>
若有衆生<sub>이</sub> 偸竊常住<sub>하고</sub> 財物穀米<sub>와</sub> 飮食衣服<sub>과</sub> 乃至 一物<sub>을</sub>

습니다."

지장보살이 사뢰었습니다: "성모시여, 이와 같은 죄를 짓는 중생은 오무간지옥에 떨어져 잠시라도 고통을 쉴 수가 없습니다."

마야 부인이 거듭 지장보살에게 여쭈었습니다: "어떠한 곳을 무간지옥이라고 합니까?"

지장보살이 대답하였습니다: "성모시여, 모든 지옥은 대철위산 안에 있습니다. 그 가운데 대지옥은 열여덟 곳이 있으며,

불여취자 당타무간지옥 천만억겁 구출무기
不與取者하면 當墮無間地獄하여 千萬億劫에 求出無期니라

지장백언 성모 약유중생 작여시죄 당타오무간지옥
地藏白言하되 聖母여 若有衆生이 作如是罪하면 當墮五無間地獄하여

구잠정고 일념부득
求暫停苦나 一念不得이니라

마야부인 중백지장보살언 운하명위무간지옥
摩耶夫人이 重白地藏菩薩言하되 云何名爲無間地獄이니까

지장백언 성모 제유지옥 재대철위산지내 기대지옥
地藏白言하되 聖母여 諸有地獄은 在大鐵圍山之內입니다 其大地獄에는

제3품 관중생업연품 45

그 다음의 지옥이 또 오백 곳이 있어 이름이 각각 다르며, 또 그 다음 지옥이 천백이나 있는데 역시 이름이 각각 다릅니다.

　무간지옥은 성 둘레가 팔만여 리가 되고, 그 성은 순전히 쇠로 만들어졌으며 성의 높이는 일만 리이고, 성 위에는 불더미가 조금도 빈틈없이 타오르고 있으며, 그 성안으로 또다른 지옥이 서로 이어져 있는데 그 이름도 각각 다릅니다. 그 가운데 유독 특별한 무간지옥이 있는데, 그 지옥의 둘레는 만팔천 리요, 담장의 높이는 일

有一十八所이고 次有五百이니 名號各別이라 次有千百인데 名字亦別이니다

無間獄者는 其獄城이 周匝八萬餘里고 其城純鐵이며 高一萬里는데 城上火聚는 少無空闕이고 其獄城中은 諸獄相連한데 名號各別이라 獨有一獄인데 名曰無間이라 其獄은 周匝萬八千里고 獄墻高一千里며

천 리로 다 쇠로 되었습니다. 성 위의 불은 밑으로 타 내려오고 밑의 불은 위로 솟구치며, 쇠로 된 개와 뱀이 불을 뿜으며 담장 위를 동서로 마구 쫓아다닙니다. 옥 안에는 넓이가 일만 리나 되는 평상이 있는데 한 사람이 죄를 받아도 그 몸이 평상 위에 가득 차고, 천만 사람이 죄를 받을 때도 또한 각기 자기 몸이 평상에 가득 차는 것을 보게 되니, 여러 죄업으로 인하여 받게 되는 과보가 이와 같습니다.

또 모든 죄인은 온갖 고통을 두루 갖추

悉是鐵爲라 上火徹下하고 下火徹上하니 鐵蛇鐵拘ㅣ 吐火馳逐하며 獄墻之上에 東西而走하고 獄中有床인데 遍滿萬里며 一人受罪나 自見其身하고 遍臥滿床하며 千萬人受罪도 亦各自見身하고 滿床上하여 衆業所感이 獲報如是니다

제3품 관중생업연품

어 받게 되는데, 천백 야차와 악귀들의 어금니는 칼날과 같고 눈은 번개와 같으며 손은 또 구리쇠 손톱입니다. 그들은 죄인을 끌고 다니며 창자를 빼내어 토막토막 자르며, 어떤 야차는 큰 쇠창으로 죄인의 몸을 찌르거나 입과 코를 찌르며, 혹은 배에서 등까지 꿰뚫어 공중에 던졌다가 도로 평상 위에 놓기도 합니다.

또 쇠독수리는 죄인의 눈을 쪼아 먹고, 쇠뱀은 죄인의 목을 감아 조이며, 온몸 마디마디마다 긴 못을 내리박고, 혀를 뽑아

우제죄인　비수중고　천백야차　급이악귀　구아여검　안
又諸罪人은 備受衆苦하며 千百夜叉 及以惡鬼ㅣ 口牙如劍을 眼

여전광　수부동조　추장좌참　부유야차　집대철극　중죄
如電光하고 手復銅爪로 抽腸剉斬하며 復有夜叉는 執大鐵戟 中罪

인신　혹중구비　혹중복배　포공번접　혹치상상
人身을 或中口鼻나 或中腹背나 抛空翻接하고 或置床上하며

부유철응　담죄인목　부유철사　교죄인경　백지절내　실
復有鐵鷹인데 啗罪人目하고 復有鐵蛇노데 繳罪人頸하고 百肢節內 悉

내어 보습으로 갈며, 죄인을 끌어다가 구리쇳물을 입에 붓기도 하고, 뜨거운 철사로 몸을 감는 등 만 번 죽였다가 만 번 살렸다가 합니다. 죄업으로 받는 것이 이와 같아서 억 겁이 지날지라도 벗어날 기약이 없습니다.

　그러다가 이 세계가 무너질 때는 다른 세계로 옮겨가게 되고, 그 세계가 무너지면 또 다른 세계로 옮겨가고 옮겨가고 하다가, 이 세계가 다시 이루어지면 다시 돌아오게 됩니다. 무간지옥의 죄보는 이렇습

下長釘하며 拔舌耕犁하고 拖拽罪人하여 洋銅灌口로 熱鐵纒身하고 萬死萬生하나니 業感如是하고 動經億劫이나 求出無期니라

此界壞時에 寄生他界하며 他界次壞하면 轉寄他方하고 他方壞時에 展轉相寄하며 此界成後에 還復而來로 無間罪報니 其事如是니라

니다.

또한 다섯 가지 업감이 있으므로 무간이라고 하는데, 다섯 가지는 이렇습니다.

첫째는 여러 겁 동안 밤낮으로 고초를 받음이 잠깐 동안도 끊일 사이가 없기 때문에 무간이라고 하며, 둘째는 한 사람이라도 가득히 차고, 많은 사람이 있어도 가득 차기 때문에 무간이라 하며, 셋째는 형벌을 다루는 기구로 쇠방망이·독수리·뱀·이리·개·맷돌·톱·도끼·끓는 가마솥에 끓는 물·쇠그물·쇠사슬·쇠나귀

又 五事業感이라 故稱無間이니다 何等爲五뇨

一者는 日夜受罪하 以至劫數하여 無時間絶이니 故稱無間이며

二者는 一人도 亦滿하고 多人도 亦滿하니 故稱無間이니다

三者는 罪器鐵棒하고 鷹蛇狼犬 碓磨鉅鑿 剉斫鑊湯 鐵網鐵繩

·쇠말 등이 있는데, 생가죽으로 목을 조르고 뜨거운 쇳물을 몸에 부으며, 배 고프면 철환을 삼키게 하고, 목 마르면 뜨거운 쇳물을 마시게 하기를, 해를 다하고 겁이 다하여 한량없는 나유타 겁이 지나도록 고통을 연달아 받아 끊일 사이가 없으므로 무간이라 하며,

넷째는 남자나, 여자나, 오랑캐나, 늙은 이나, 어린이나, 천한 이나, 귀한 이나, 용이나, 신이나, 하늘 사람이나, 귀신까지라도 지은 죄업의 과보는 모두 똑같이 받으

鐵驢鐵馬 生革 絡首<sup>하</sup><sub>고</sub> 熱鐵 澆身<sup>하</sup><sub>고</sub> 飢吞鐵丸<sup>하</sup><sub>고</sub> 渴飮鐵汁<sup>하</sup><sub>여</sub>

終年竟劫<sub>이</sub> 數那由他<sub>나</sub> 苦楚相連<sup>하</sup><sub>여</sub> 更無間斷<sup>이</sup><sub>라</sub> 故稱無間<sup>이</sup><sub>며</sub>

四者<sub>는</sub> 不問男子女人<sup>하</sup><sub>며</sub> 羌胡夷狄<sup>이</sup><sub>나</sub> 老幼貴賤<sup>이</sup><sub>나</sub> 或龍或神<sup>이</sup><sub>나</sub> 或

天或鬼<sub>나</sub> 罪行業感<sub>이</sub> 悉同受之<sub>니</sub> 故稱無間<sup>이</sup><sub>니</sub><sub>다</sub>

제3품 관중생업연품 51

므로 무간이라 하며,

　다섯째는 만약 이 지옥에 떨어지면 처음 들어갔을 때부터 백천 겁에 이르도록 하루 낮하룻밤 사이에 만 번 죽고 만 번 살아나되 그 사이에 단 한 순간만 쉬고자 하여도 쉴 수가 없습니다. 오직 업이 다해야 비로소 다른 곳에 나게 되는 것을 제외하고는 끊이지 않고 이어지기 때문에 무간이라 하는 것입니다."

　지장보살이 성모께 아뢰었습니다: "무간지옥에 대한 것을 대강 말하자면 이와

五者는 若墮此獄이 從初入時하 至百千劫나 一日一夜 萬死萬生에 求一念間인 暫住不得고 除非業盡하 方得受生하여 以此連綿하 故稱無間이니다

地藏菩薩이 白聖母言하되 無間地獄은 粗說如是니 若廣說地獄罪

같으며, 만약 지옥의 형벌을 다루는 기구 등의 이름과 그 온갖 고초를 자세히 말하려면 한 겁 동안에도 다 말할 수가 없습니다."

마야 부인은 이 말을 듣고는 근심어린 얼굴로 합장 정례하며 물러갔습니다.

<sub>기등명   급제고사   일겁지중   구설부진</sub>
器等名 及諸苦事는 一劫之中이나 求說不盡이니다

<sub>마야부인   문이   수우합장   정례이퇴</sub>
摩耶夫人이 聞已하고 愁憂合掌하며 頂禮而退더라

## 제4품 염부제 중생이 받는 업보를 말하다

이때 지장보살마하살이 부처님께 아뢰었습니다: "세존이시여, 제가 부처님의 위신력을 입은 까닭에 백천만억 세계에 두루 수많은 분신을 나투어 고통 받는 일체 업보중생을 구제하고 있습니다. 만약 부처님의 대자비 위신력이 아니면 이와 같은 변화를 부리지 못할 것입니다. 제가 이제 부처님의 부촉하심을 받아 아일다(미륵불의 전신)께서 성불하여 오실 때까지 육도 중생을 해탈케 하겠습니다. 세존이시여, 염

○閻浮衆生業感品 第四

爾時에 地藏菩薩摩訶薩이 白佛言하되 世尊하 我承佛如來威神力 故로 遍百千萬億世界에 分是身形하여 救拔一切業報衆生이니 若 非如來大慈力故면 卽不能作如是變化니 我今에 又蒙佛付囑하여 至阿逸多成佛已來까지 六道衆生을 遣令解脫하리 唯願世尊하 願

려하지 마십시오."

그때 부처님께서 지장보살에게 말씀하셨습니다: "일체 중생들이 해탈을 얻지 못하는 것은, 마음가짐이 한결같지 못하여 악한 습관과 선한 습관으로 업을 짓기 때문이다. 그리하여 나쁜 과보도 받고 좋은 과보도 받으면서 경계에 따라 태어나 육도를 윤회하는데, 잠시도 쉴 사이가 없다. 티끌 수와 같이 많은 겁이 지나도록 미혹하여 장애와 액난을 받는 것이 마치 그물 속에 노는 물고기가 늘 흐르는 물인 줄 알

不<sub>불</sub>有<sub>유</sub>慮<sub>려</sub>소서

爾<sub>이</sub>時<sub>시</sub>에 佛<sub>불</sub>告<sub>고</sub>地<sub>지</sub>藏<sub>장</sub>菩<sub>보</sub>薩<sub>살</sub>하사 一<sub>일</sub>切<sub>체</sub>衆<sub>중</sub>生<sub>생</sub> 未<sub>미</sub>解<sub>해</sub>脫<sub>탈</sub>者<sub>자</sub>는 性<sub>성</sub>識<sub>식</sub>無<sub>무</sub>定<sub>정</sub>하여 惡<sub>악</sub>習<sub>습</sub>結<sub>결</sub>業<sub>업</sub>하고 善<sub>선</sub>習<sub>습</sub>結<sub>결</sub>果<sub>과</sub>하여 爲<sub>위</sub>善<sub>선</sub>爲<sub>위</sub>惡<sub>악</sub>하여 逐<sub>축</sub>境<sub>경</sub>而<sub>이</sub>生<sub>생</sub>하여 輪<sub>윤</sub>轉<sub>전</sub>五<sub>오</sub>道<sub>도</sub>하데 暫<sub>잠</sub>無<sub>무</sub>休<sub>휴</sub>息<sub>식</sub>이라 動<sub>동</sub>經<sub>경</sub>塵<sub>진</sub>劫<sub>겁</sub>이니 迷<sub>미</sub>惑<sub>혹</sub>障<sub>장</sub>難<sub>난</sub>은 如<sub>여</sub>魚<sub>어</sub>遊<sub>유</sub>網<sub>망</sub>하며 將<sub>장</sub>是<sub>시</sub>長<sub>장</sub>流<sub>류</sub>하여 脫<sub>탈</sub>入<sub>입</sub>暫<sub>잠</sub>出<sub>출</sub>하며 又<sub>우</sub>復<sub>부</sub>遭<sub>조</sub>網<sub>망</sub>이니다

제4품 염부중생업감품   55

고서 잠시 벗어났다가 또 그물에 걸리곤 하는 것과 같다.

내가 이들을 걱정하였더니, 그대가 이미 아득한 옛날에 세웠던 원을 여러 겁을 내려오면서 죄업 중생의 무리들을 제도하겠다고 거듭 서원을 하니, 내가 다시 무엇을 염려하겠는가."

이 말씀을 하실 때, 회중에 있던 정자재왕이라는 보살이 부처님께 아뢰었습니다: "세존이시여, 지장보살은 여러 겁을 내려오면서 각각 어떤 원을 세웠기에 이렇게

以是等輩를 吾當憂念하나 汝旣畢是往願하여 累劫重誓하고 廣度罪輩니 吾復何慮오

說是語時에 會中有一菩薩摩訶薩하니 名定自在王이라 白佛言하되 世尊하 地藏菩薩은 累劫已來로 各發何願하여 今蒙世尊의 慇懃讚歎이니까 唯願世尊은 略而說之하소서

세존의 은근하신 찬탄을 받는 것입니까? 세존이시여, 간략히 말씀하여 주십시오."

부처님께서 정자재왕보살에게 말씀하셨습니다: "자세히 듣고 자세히 들어 잘 생각하라. 그대를 위해 분별하여 설하리라.

지나간 과거 한량없는 아승기 나유타 불가설 겁 전에 한 부처님이 계셨으니 일체지성취여래·응공·정변지·명행족·선서·세간해·무상사·조어장부·천인사·불·세존으로 수명은 육만 겁이었다.

그 부처님은 출가하시기 전에 작은 나라

이시 세존고정자재왕보살 제청제청 선사념지 오당
爾時에 世尊告定自在王菩薩하사되 諦聽諦聽하라 善思念之하라 吾當
위여 분별해설
爲汝는 分別解說하리라
내왕과거 무량아승기 나유타 불가설겁 이시유불 호일
乃往過去 無量阿僧祇 那由他 不可說劫에 爾時有佛이니 號一
체지성취여래 응공 정변지 명행족 선서 세간해 무상사 조
切智成就如來 應供 正遍智 明行足 善逝 世間解 無上士 調
어장부 천인사 불 세존 기불수명 육만겁
御丈夫 天人師 佛 世尊이신데 其佛壽命은 六萬劫이라

제4품 염부중생업감품 57

의 왕이었는데 이웃나라의 왕과 벗이 되어 함께 열 가지 선한 일을 행하여 중생들을 이롭게 하였다. 그 이웃나라의 백성들은 여러 가지 나쁜 일을 많이 지었으므로, 두 왕은 의논하여 널리 방편을 베풀어 그들을 가르쳤다. 한 왕은 발원하기를 '불도를 어서 이루어 이 중생들을 남김없이 제도하리라' 하였고, 다른 한 왕은 '만약 이 죄많은 중생을 제도하여 안락하게 하지 못하고 보리도에 이르도록 하지 못하면, 나는 끝내 성불하기를 원하지 않는다'고 하였다."

未出家時에 爲小國王인데 與一隣國王과 爲友하여 同行十善하고 饒益衆生하며 其隣國內에 所有人民이 多造衆惡하여 二王議計하고 廣設方便을 一王發願하되 早成佛道하여 當度是輩하고 令使無餘하며 一王發願하되 若不先度罪苦고 令是安樂하여 得至菩提하면 我終未願成佛이리라

부처님께서 정자재왕보살에게 말씀하셨습니다:

"그때 속히 성불하기를 발원한 왕은 곧 일체지성취여래이며, 죄많은 중생을 제도하지 아니하면 결코 성불하기를 원하지 않는다고 발원한 왕은 바로 지장보살이다.

또 과거 한량없는 아승기 겁 전에 한 부처님이 계셨는데 청정연화목여래로 수명은 사십 겁이었다.

그 부처님 상법시대에 복으로 중생을 제도하는 나한이 있었다. 나한은 근기에 따

佛告定自在王菩薩하사 一王發願되 早成佛者는 卽一切智成就
如來是요 一王發願되 永度罪苦衆生하여 未願成佛者는 卽地藏菩
薩是니라
復於過去無量阿僧祇劫에 有佛出世니 名淸淨蓮華目如來요 其
佛壽命은 四十劫이니라

라 중생을 차례로 교화하였는데 광목이라는 여인을 만나게 되었다. 그 여인이 음식을 만들어 공양을 올리자 나한이 '소원이 무엇인가?' 하고 물었다.

광목이 대답했다: '저는 어머니가 돌아가신 날에 복을 지어 천도해 드리고자 하나, 우리 어머니가 어떤 곳에 태어나신 줄을 알지 못합니다.'

이를 가엾게 여긴 나한은 선정에 들어 살펴보았다. 광목의 어머니는 나쁜 곳에 떨어져 모진 고통을 받고 있었다.

像法之中에 有一羅漢이니 福度衆生하고 因次教化하니 遇一女人하되 字曰光目이라 設食供養하니 羅漢問之하되 欲願何等이뇨

光目答言하되 我以母亡之日에 資福救拔이나 未知我母ㅣ 生處何趣니다

羅漢愍之하여 爲入定觀하니 見光目女母는 墮在惡趣하고 受極大苦어늘

나한이 광목에게 물었다: '그대 어머니는 생전에 어떤 죄업을 지었기에 지금 악도에서 저렇게 큰 고통을 받고 있는가?'

광목이 대답하였다: '저의 어머니는 평소 물고기와 자라 등을 즐겨 드셨는데, 그 중에도 자라 새끼를 볶고 지지고 하여 한껏 드셨습니다. 아마 그 수는 천만보다 배나 더될 것입니다. 존자는 자비로써 불쌍히 여기시어 제 어머니를 구할 수 있는 방법을 가르쳐 주십시오.'

나한이 이를 가엾이 여겨 방편을 지어

羅漢이 問光目言하되 汝母在生에 作何行業하여 今在惡趣에서 受極大苦뇨

光目答曰하되 我母所習은 唯好食啗되 魚鱉之屬이라 所食魚鱉하며 多食其子는데 或炒或煮하여 恣情食啗싀 計其命數는 千萬復倍니다 尊者는 慈愍하사 如何哀救소서

광목에게 권하였다: '그대는 지극한 정성으로 청정연화목여래를 생각하여라. 그리고 여래의 형상을 조성하거나 그려 모시도록 하라. 그렇게 하면 산 사람도 죽은 사람도 모두 좋은 과보를 얻을 것이다.'

광목이 이 말을 듣고는 곧바로 아끼던 것들을 팔아 부처님의 형상을 그려 모시고 공양을 올린 다음, 공경하는 마음으로 슬피 울면서 우러러 바라보며 절을 하였다. 그러다가 문득 새벽녘 꿈에 부처님의 모습을 뵈었는데 금빛이 찬란하기가 마치 수미

羅漢이 愍之하고 爲作方便하여 勸光目言하되 汝可志誠으로 念淸淨蓮華目如來하고 兼 塑畵形像하면 存亡ㅣ 獲報니라

光目聞已하고 卽捨所愛하여 尋畵佛像하고 而供養之하며 復恭敬心하고 悲泣瞻禮더니 忽於夜後에 夢見佛身하니 金色晃耀하여 如須彌山인데 放大光明하고 而告光目되 汝母不久에 當生汝家니 纔覺飢寒하면 卽當言

산과 같았다. 그 부처님께서 큰 광명을 놓으시며 광목에게 말씀하셨다: '너의 어머니는 오래지 않아 너의 집에 태어나게 될 것이다. 그리고 배고프고 추운 것을 알 때쯤이면 곧 말을 하게 될 것이다.'

그 뒤 광목의 집에 있는 한 여종이 자식을 낳았는데, 사흘이 채 못되어 머리를 숙여 슬피 울면서 광목에게 말을 하는 것이었다: '생사 업연으로 스스로 지은 과보는 자기가 받게 마련이다. 내가 너의 엄마다. 너와 이별한 뒤로 오랫동안 어둠 속에 있

說하리라

其後家內에 婢生一子한 未滿三日에 而乃言說하되 稽首悲泣하며 告
於光目되 生死業緣果報自受라 吾是汝母라 久處暗冥한 自別汝
去로 累墮大地獄하다 今蒙福力으로 方得受生하니 爲下賤人이라 又復

제4품 염부중생업감품

었다. 대지옥에 여러 차례 떨어졌다가 이제야 너의 복력 덕분에 사람의 몸을 받았지만 이렇게 미천한 사람으로 태어났다. 그리고 수명이 짧아 열세 살이 되면 다시 악도에 떨어지게 되어 있다. 너는 내가 이 고통에서 벗어나게 할 방법이 있느냐.'

이 말을 들은 광목은, 자기 어머니라는 의심없이 목메어 슬피 울며 종의 자식에게 물었다: '우리 어머니시라면 본래 지은 죄를 아실 것입니다. 어떤 죄업을 지어 악도에 떨어졌습니까?'

短命하니 壽年十三에 更落惡道리니 汝有何計하여 令吾脫免오

光目聞說하고 知母無疑하여 哽咽悲啼하며 而白婢子하되 旣是我母며 合知本罪니 作何行業하여 墮於惡道니까

종의 자식이 대답했다: '산 목숨을 죽이고 불법을 헐뜯고 비방한 죄업으로 과보를 받았다. 만약 나를 구제하려는 (너의) 복력을 입지 않았으면 이 업보에서 벗어날 수 없었을 것이다.'

광목이 물었다: '지옥에서 죄업으로 받은 고통은 어떻습니까?'

종의 자식이 대답했다: '죄업으로 고통받은 일은 차마 말로 할 수 없다. 백천 년을 두고 말하더라도 다하기 어려울 것이다.'

婢子答言<sup>하되</sup> 以殺生毁罵二業受報<sup>로다</sup> 若非蒙福<sup>이면</sup> 救拔吾難<sup>이라</sup> 以是業故<sup>로</sup> 未合解脫<sup>이니라</sup>

光目問言<sup>하되</sup> 地獄罪報<sup>는</sup> 其事云何<sup>니까</sup>

婢子答言<sup>하되</sup> 罪苦之事<sup>는</sup> 不忍稱說<sup>이니</sup> 百千歲中<sup>에</sup> 卒白難竟<sup>이라</sup>

그 말을 들은 광목은 눈물을 흘리며 슬피 울다가 허공을 향해 말하였다: '저의 어머니가 지옥에서 영원히 벗어날 수 있게 하소서. 열세 살의 명을 마친 다음에도, 다시는 무거운 죄를 받지 않고 나쁜 곳에 떨어지지 않게 하여 주십시오.

시방의 모든 부처님, 저를 가엾이 여기시어 제가 어머니를 위하여 세우는 이 광대한 서원을 들어주십시오.

만약 저의 어머니가 삼악도와 미천한 신분과 여인의 몸까지도 아주 여의고 영겁토

光目聞已하고 啼淚號泣하며 而白空界하되 願我之母ㅣ 永脫地獄하여 畢
十三歲에 更無重罪 及歷惡道소서
十方諸佛이여 慈哀愍我하사 聽我爲母의 所發廣大誓願하소서
若得我母永離三途 及斯下賤라 乃至女人之身을 永劫不受者면
願我自今日後에 對淸淨蓮華目如來像前이리다 却後百千萬億劫

록 나쁜 과보를 다시 받지 않게 된다면, 저는 청정연화목여래의 상 앞에서 맹세하겠습니다. 오늘 이 순간부터 백천만억 겁 동안 모든 세계에 있는 지옥과 삼악도에서 고통 받고 있는 모든 중생들을 제도하여 지옥·축생·아귀 등 악취에서 영원히 벗어나게 하고, 이런 무리들을 모두 다 성불케 한 후에야 저는 정각을 이루겠습니다.'

이렇게 서원을 발하자 청정연화목여래의 말씀이 들려왔다: '광목아, 그대는 큰 자비심으로 어머니를 위하여 이와 같은 큰

中 應有世界의 所有地獄 及三惡道諸罪苦衆生을 誓願救拔하여
令離地獄惡趣畜生餓鬼等하고 如是罪報等人이 盡成佛竟하고 然
後에 我方成正覺이리라
發誓願已하고 具聞淸淨蓮華目如來之說니 而告之曰되 光目아 汝
大慈愍으로 善能爲母하여 發如是大願이라 吾觀니 汝母는 十三歲畢하면

제4품 염부중생업감품 67

원을 발하는구나. 그 공덕으로 너의 어머니는 열세 살로 이 업보의 몸을 버린 다음 바라문으로 태어나 백 세의 수명을 누릴 것이다. 그리고 이 업보가 다한 뒤에는 근심이 없는 나라에 태어나 헤아릴 수 없는 수명을 누리다가 불과를 이루어 항하의 모래알만큼이나 많은 인간과 천상의 중생을 널리 제도하리라.'"

부처님께서 정자재왕보살에게 말씀하셨습니다: "그때 복으로 광목을 제도한 아라한은 곧 무진의보살이요, 광목의 어머니는

捨此報已하고 生爲梵志하여 壽年百歲리다 過是報後에는 當生無憂國土하니 壽命不可計劫이고 後成佛果하여 廣度人天하되 數如恒河沙니라

佛告定自在王하사되 爾時에 羅漢인 福度光目者는 卽無盡意菩薩是요 光目母者는 卽解脫菩薩是다 光目女者는 卽地藏菩薩是요

해탈보살이며, 광목은 지금의 지장보살이다. 과거 아득히 먼 겁부터 이와 같이 중생을 사랑하고 불쌍히 여겨, 항하의 모래알만큼이나 많은 서원을 세웠으며 널리 중생을 제도하여 왔다.

　미래세에 만약 선을 행하지 않는 자나 악을 행하는 자, 인과를 믿지 않는 자, 사음·망어를 하는 자, 양설·악구를 하는 자, 대승을 비방하는 남자나 여인이 있다면, 이러한 모든 죄업을 짓는 중생은 반드시 나쁜 곳에 떨어질 것이다. 만일 선지식

過去久遠劫中에 如是慈愍하여 發恒河沙願코 廣度衆生되

未來世中에 若有男子女人이 不行善者나 行惡者나 乃至不信因果者나 邪淫妄語者나 兩舌惡口者나 毀謗大乘者면 如是諸業衆生은 必墮惡趣나 若遇善知識勸로 令一彈指間에 歸依地藏菩

을 만나 그의 권유로 손가락 한번 튕길 동안만이라도 지장보살에게 귀의하면, 이 모든 중생들은 곧 삼악도의 죄보에서 벗어나게 될 것이다.

만약 향·꽃·의복·갖가지 진귀한 보배와 음식으로 공양하며 지극한 마음으로 (지장보살께) 귀의하여 공경하고 예배하고 찬탄하는 자는, 미래의 백천만억 겁 중에 항상 하늘 나라에 태어나 아주 뛰어난 즐거움을 누릴 것이며, 하늘의 복이 다하여 인간으로 내려오더라도 백천 겁을 항상

薩하면 是諸衆生은 卽得解脫三惡道報니라

若能至心歸敬 及瞻禮讚歎 香華衣服 種種珍寶나 或復飮食등 如是奉事者는 未來百千萬億劫中에 常在諸天하고 受勝妙樂하며 若 天福盡하여 下生人間나 猶百千劫에 常爲帝王하여 能憶 宿命因果

제왕이 되어 전생과 모든 인과의 시작과 끝을 다 기억하게 될 것이다.

정자재왕이여, 이와 같이 지장보살에게는 불가사의한 대위신력이 있어 널리 중생을 이롭게 한다. 그대 모든 보살들은 마땅히 이 법문을 기록하여 널리 유포하여라."

정자재왕이 부처님께 아뢰었습니다: "세존이시여, 염려하지 마십시오. 저희들 천만억 보살마하살은 반드시 부처님의 위신력을 받들어, 이 법문을 염부제에 널리 펴서 중생들을 이익되게 하겠습니다."

本末이니라

定自在王이여 如是地藏菩薩은 有如此不可思議大威神力하여 廣利 衆生하니 汝等諸菩薩은 當記是經하고 廣宣流布하라

定自在王이 白佛言하되 世尊하 願不有慮소서 我等千萬億菩薩摩訶薩은 必能承佛威神하여 廣演是經고 於閻浮提에 利益衆生하리다

제4품 염부중생업감품

정자재왕보살은 세존께 말씀드리고 합장하여 공손히 예배드리고 물러났습니다.

그때 사천왕이 함께 자리에서 일어나 합장하고 공손히 부처님께 아뢰었습니다:

"세존이시여, 지장보살이 아득히 먼 옛 겁에 그와 같은 큰 원을 발하였거늘, 어찌하여 아직도 중생들을 다 제도하지 못하고 다시 광대한 원을 발합니까? 세존이시여, 저희들을 위하여 말씀하여 주십시오."

부처님께서 사천왕에게 말씀하셨습니다: "좋다, 좋다. 내가 이제 너희들과 현

定自在王菩薩은 白世尊已하고 合掌恭敬하며 作禮而退더라

爾時에 四方天王이 俱從座起하여 合掌恭敬하며 白佛言하되

世尊하 地藏菩薩이 於久遠劫來에 發如是大願을 云何至今에 猶

度未絶하고 更發廣大誓願이니까 唯願世尊하 爲我等說하소서

佛告四天王하사되 善哉善哉라 吾今에 爲汝及未來現在天人衆等하여

재, 미래의 인간과 하늘중생을 널리 이익되게 하기 위하여, 지장보살이 사바세계 염부제의 나고 죽는 길에서 자비로써 모든 고통 받는 중생을 구원하여 해탈케 하는 방편을 말해 주리라."

사천왕이 "예, 세존이시여" 하며 기쁘게 들고자 하였습니다.

부처님께서 사천왕에게 말씀하셨습니다: "지장보살이 아득히 먼 옛 겁으로부터 오늘에 이르도록 중생들을 제도하였으나 아직까지 원을 다 마치지 않은 것은, 미래

廣利益故로 說地藏菩薩이 於娑婆世界 閻浮提內의 生死道中에

慈哀救拔하여 度脫一切罪苦衆生하여 方便之事리라

四天王言하되 唯然世尊하 願樂欲聞하더이다

佛告四天王하사되 地藏菩薩이 久遠劫來서 迄至于今까지 度脫衆生이나

猶未畢願은 慈愍此世罪苦衆生하여 復觀未來 無量劫中에 因蔓

무량 겁 동안 업의 덩굴을 끊지 못하는 (이 세계의 죄업 중생들을) 다시 관하고 자비로 연민히 여기기 때문에, 보살은 사바세계 염부제에서 백천만억 방편을 베풀어 중생들을 제도하기를 이와 같이 거듭 원을 발하는 것이다.

사천왕이여, 지장보살은,

생명을 죽이는 자를 만나면 태어날 때마다 재앙으로 단명하는 과보를 말해 주고,

도둑질하는 자를 만나면 빈궁하여 고초 받는 과보를 말해 주며,

不斷이니 以是之故로 又發重願하되 如是菩薩은 於娑婆世界閻浮提中에서 百千萬億方便으로 而爲敎化니라

四天王이여 地藏菩薩은

若遇殺生者면 說宿殃短命報하고

若遇竊盜者면 說貧窮苦楚報하고

사음하는 자를 만나면 공작이나 비둘기·원앙새로 태어나는 과보를 말해 주고,

악담하는 자를 만나면 친족 간에 서로 다투는 과보를 말해 주며,

남을 헐뜯는 자를 만나면 혀가 없거나 입에 부스럼이 생기는 과보를 말해 주고,

성을 잘 내는 자를 만나면 얼굴에 더럽고 추악한 풍창이 생기는 과보를 말해 주며,

인색한 자를 만나면 구하는 소원이 뜻대로 되지 않는 과보를 말해 주고,

음식에 무절제한 자를 만나면 배고프고

若遇邪淫者면 說雀鴿鴛鴦報하고
若遇惡口者면 說眷屬鬪諍報하고
若遇毁謗者면 說無舌瘡口報하고
若遇瞋恚者면 說醜陋癃殘報하고
若遇慳悋者면 說所求違願報하고

목마르고 목에 병이 나는 보를 말해 주며,

   사냥하기를 즐기는 자를 만나면 놀라 미쳐서 목숨을 잃어버리는 과보를 말해 주고,

   부모의 뜻을 거역하고 패륜을 저지르는 자를 만나면 천재지변으로 졸지에 죽게 되는 과보를 말해 주며,

   산과 숲에 불을 지르는 자를 만나면 미쳐 헤매다가 죽게 되는 과보를 말해 주고,

   금생에 부모에게 악독하게 구는 자를 만나면 다시 내생에 바꿔 태어나 매맞는 과보를 말해 주며,

若遇飮食無度者면 說飢渴咽病報하고
若遇畋獵恣情者면 說驚狂喪命報하고
若遇悖逆父母者면 說天地災殺報하고
若遇燒山林木者면 說狂迷取死報하고
若遇前後父母惡毒者면 說返生鞭撻現受報하고

그물로 살아 있는 동물의 새끼를 사로잡는 자를 만나면 내생에 가족 간에 이별하는 과보를 말해 주고,

삼보를 헐뜯고 비방하는 자를 만나면 눈멀고 귀먹고 벙어리 되는 과보를 말해 주며,

불법과 가르침을 가벼이 여기거나 업신여기는 자를 만나면 영원히 악도에 떨어지는 과보를 말해 주고,

절의 물건을 파괴하거나 함부로 쓰는 자를 만나면 억겁을 지옥에서 맴도는 과보를 말해 주며,

若遇網捕生雛者면 說骨肉分離報하고
若遇毀謗三寶者면 說盲聾瘖瘂報하고
若遇輕法慢敎者면 說永處惡道報하고
若遇破用常住者면 說億劫輪廻地獄報하고

청정한 행을 더럽히고 스님을 속이는 자를 만나면 영원토록 축생을 면하지 못하게 되는 과보를 말해 주고,

끓는 물·타는 불·도끼·낫 등으로 남을 해치거나 다치게 하는 자를 만나면 윤회하면서 서로 갚게 되는 과보를 말해 주며,

계율을 지키지 않고 재계를 범하는 자를 만나면 새와 짐승이 되어 굶주리는 과보를 말해 주고,

재물을 옳지 않게 쓰는 자를 만나면 구하는 것이 (오히려) 빠지고 없어지는 과보

<sub>약우오범무승자</sub> <sub>설영재축생보</sub>
若遇汚梵誣僧者면 說永在畜生報하고

<sub>약우탕화참작상생자</sub> <sub>설윤회체상보</sub>
若遇湯火斬斫傷生者면 說輪廻遞償報하고

<sub>약우파계범재자</sub> <sub>설금수기아보</sub>
若遇破戒犯齋者면 說禽獸飢餓報하고

<sub>약우비리훼용자</sub> <sub>설소구궐절보</sub>
若遇非理毀用者면 說所求闕絶報하고

를 말해 주며,

아만심이 높은 자를 만나면 남에게 부림 당하는 천한 몸이 되는 과보를 말해 주고,

두 말로 이간질하여 서로 다투게 하는 자를 만나면 혀가 없거나 혀가 백 개나 되는 과보를 말해 주며,

소견이 그릇된 자를 만나면 야만족으로 태어날 과보를 말해 준다.

이것은 염부제 중생이 몸과 입과 뜻으로 짓는 악업으로 인해 받게 되는 백천 가지 과보 가운데 일부만 지금 대강 말한 것이

若遇我慢貢高者면 說卑使下賤報하고

若遇兩舌鬪亂者면 說無舌百舌報하고

若遇邪見者면 說邊地受生報니라

如是等閻浮提衆生은 身口意業의 惡習結果는 百千報應이니 今粗

다. 이렇게 염부제 중생들의 업감의 차별에 따라 지장보살은 백천 방편으로 교화하고 있는 것이다. 중생들은 앞에 지은 업보로 뒤에 지옥에 떨어져서 여러 겁이 지나도록 벗어날 기약이 없다. 그대들은 사람을 보호하고 나라를 보호하여 그들이 미혹에 빠지는 일이 없도록 하여라."

　사천왕은 부처님의 말씀을 듣고 눈물을 흘리며 슬피 탄식하며 합장하고 물러갔습니다.

略說이라 如是等閻浮提衆生은 業感差別하여 地藏菩薩은 百千方便로 而敎化之니 是諸衆生은 先受如是等報하고 後墮地獄이니 動經劫數나 無有出期라 是故로 汝等은 護人護國하여 無令是諸衆生이 迷惑衆生하라

四天王聞已하고 涕淚悲歎며 合掌而退더라

## 제5품  지옥의 이름을 밝히다

그때 보현보살마하살이 지장보살에게 말씀하였습니다: "인자여, 천룡등의 팔부신중과 현재와 미래의 모든 중생을 위하여 사바세계 염부제의 죄업중생이 보를 받게 되는 지옥의 이름과 악독한 과보들을 말씀하여 주십시오. 그리하여 미래세의 말법중생들이 그 과보를 알게 하여 주십시오."

지장보살이 대답하였습니다: "인자여, 내 이제 부처님의 위신력과 보현보살의 힘을 입어 지옥의 이름과 죄보에 대하여 간

○ 地獄名號品 第五
爾時에 普賢菩薩摩訶薩이 白地藏菩薩言하되 仁者여 願爲天龍八部 及未來現在一切衆生하여 說娑婆世界 及閻浮提罪苦衆生의 所受報處 地獄名號 及惡報等事하사 使未來世末法衆生이 知是果報하소서

地藏答言하되 仁者여 我今에 承佛威神 及大士之力하여 略說地獄

략히 말씀드리겠습니다.

　인자여, 염부제의 동쪽에 '철위산'이 있습니다. 그 산은 매우 깊고 험하여 해와 달빛이 닿지 못하므로 어둡고 캄캄합니다. 거기에는 큰 지옥이 많이 있는데 극무간지옥, 대아비지옥, 사각지옥, 비도지옥, 화전지옥, 협산지옥, 통창지옥, 철거지옥, 철상지옥, 철우지옥, 철의지옥, 천인지옥, 철려지옥, 양동지옥, 포주지옥, 유화지옥, 경설지옥, 좌수지옥, 담안지옥, 철환지옥, 쟁론지옥, 철부지옥, 다진지옥 등입니다."

名號 及罪報之事라

仁者여 閻浮提의 東方有山이니 號曰鐵圍라 其山黑邃하여 無日月光이라 有大地獄이니 號極無間이라 又有地獄이 名大阿鼻요 復有地獄이니 名曰四角이요 復有地獄이니 名曰飛刀요 復有地獄이니 名曰火箭이요 復有地獄이니 名曰夾山이요 復有地獄이니 名曰通槍이요 復有地獄이니 名曰鐵車요 復有地獄이니 名曰鐵床이요 復有地獄이니 名曰鐵牛요 復有地獄이니

지장보살이 또 말씀하였습니다: "인자여, 철위산 속에는 지옥들의 숫자는 한도 끝도 없습니다.

규환지옥, 발설지옥, 분뇨지옥, 동쇄지옥, 화상지옥, 화구지옥, 화마지옥, 화우지옥, 화산지옥, 화석지옥, 화상지옥, 화량지옥, 화응지옥, 거아지옥, 박피지옥, 음혈지옥, 소수지옥, 소각지옥, 도자지옥, 화옥지옥, 철옥지옥, 화랑지옥 등이 있습니다.

이 지옥들 속에는 각각 또 작은 지옥들이 있는데, 하나나 둘만 있는 것도 있고,

名曰鐵衣요 復有地獄니 名曰千刃요 復有地獄니 名曰鐵驢요 復有地獄니 名曰洋銅요 復有地獄니 名曰抱柱요 復有地獄니 名曰流火요 復有地獄니 名曰耕舌요 復有地獄니 名曰剉首요 復有地獄니 名曰燒脚요 復有地獄니 名曰啗眼요 復有地獄니 名曰鐵丸요 復有地獄니 名曰諍論요 復有地獄니 名曰鐵鈇요 復有地獄니 名曰多瞋니다

혹은 셋이나 넷인 것도 있고 내지 백이나 천 개가 있는 것도 있으며, 그것들의 이름 또한 각각 다릅니다."

지장보살이 보현보살에게 말씀하였습니다: "인자여, 이 지옥들은 모두 염부제에서 악업을 행한 중생들이 업에 따라 과보를 받는 곳입니다. 업의 힘이란 매우 커서 수미산을 대적하며, 큰 바다보다도 깊어 거룩한 깨달음의 길을 가로막습니다. 그러므로 중생들은 비록 작은 악업이라도 죄가 되지 않는다고 가볍게 여겨서는 안 됩니

地藏菩薩이 又言하되 仁者여 鐵圍之內에 有如是等地獄이니 其數無限입니다.
更有叫喚地獄 拔舌地獄 糞尿地獄 銅鎖地獄 火象地獄 火拘地獄 火馬地獄 火牛地獄 火山地獄 火石地獄 火床地獄 火梁地獄 火鷹地獄 鋸牙地獄 剝皮地獄 飮血地獄 燒手地獄 燒脚地獄 倒刺地獄 火屋地獄 鐵屋地獄 火狼地獄입니다.

다. 죽은 뒤에는 털끝만한 것이라도 과보가 있어서 받아야 하며, 어버이와 자식과 같은 지극히 가까운 사이라 할지라도 그 길이 달라 헤어지게 되며, 비록 서로 만나더라도 업보를 대신 받을 수가 없습니다. 내가 이제 부처님의 위신력을 입어 지옥에서 죄 때문에 고통 받는 일을 대략 말씀드리겠으니, 인자여 잠깐만 들으십시오."

보현보살이 말씀하였습니다: "나는 비록 오래 전부터 삼악도의 과보를 알고 있지만, 이제 인자께서 말씀하시기를 청하는

如是等地獄은 其中에 各各復有諸小地獄하니 或一或二며 或三或四며 乃至百千으로 其中名號는 各各不同이니 地藏菩薩이 告普賢菩薩言하되 仁者여 此等은 皆是南閻浮提行惡衆生의 業感이 如是니 業力甚大하여 能敵須彌며 能深巨海며 能障聖道니 是故로 衆生은 莫輕小惡하나 以爲無罪하라 死後有報며 纖毫受之며 父子至親 岐路各別이나 縱然相逢이나 無肯代受나 我今에

까닭은, 후세 말법시대에 모든 악행하는 중생들이 인자의 말씀을 듣고 불법에 귀의하게 하고자 함입니다."

지장보살이 말씀하였습니다: "인자여, 지옥에서 받는 과보는 이렇습니다.

죄인의 혀를 빼내 소가 갈게 하는 지옥이 있고, 죄인의 심장을 빼내어 야차가 먹는 지옥이 있으며, 펄펄 끓는 가마솥 물에 죄인의 몸을 삶는 지옥이 있고, 벌겋게 달군 구리쇠 기둥을 죄인에게 안게 하는 지옥이 있으며, 맹렬한 불길로 죄인을 불사르는 지

承佛威力하여 略說地獄罪報之事리니 唯願仁者여 暫聽是言하소서
普賢菩薩答言하되 吾雖久知三惡道報나 望仁者說하여 令後世末
法의 一切惡行衆生이 聞仁者說하고 使令歸向佛法이니다
地藏菩薩白言하되 仁者여 地獄罪報는 其事如是니다
或有地獄은 取罪人舌하여 使牛耕之하며 或有地獄은 取罪人心하여 夜
叉食之하며 或有地獄은 鑊湯盛沸하여 煮罪人身하며 或有地獄은 赤燒

옥이 있고, 언제나 온통 차디찬 얼음뿐인 지옥이 있으며, 끝없이 똥오줌뿐인 지옥이 있고, 쇠뭉치가 날아다니는 지옥이 있으며, 많은 불창으로 찌르는 지옥이 있고, 몽둥이로 가슴과 등을 때려치는 지옥이 있으며, 손과 발을 태우는 지옥이 있고, 쇠뱀이 몸을 칭칭 감는 지옥이 있으며, 무쇠개에게 몰려 쫓기게 되는 지옥이 있고, 무쇠나귀에게 끌려다니게 되는 지옥이 있습니다.

　인자여, 이러한 죄업으로 받는 지옥에는 각각 백천 가지의 형벌도구가 있는데, 그

銅柱ᄒᆞ여 使罪人抱ᄒᆞ고 或有地獄ᄋᆞᆫ 飛猛火聚로 趁及罪人ᄒᆞ며 或有地獄ᄋᆞᆫ 一向寒氷ᄒᆞ며 或有地獄ᄋᆞᆫ 無限糞尿ᄒᆞ고 或有地獄ᄋᆞᆫ 飛鐵鑕ᄒᆞ려 或有地獄ᄋᆞᆫ 多攢火槍ᄒᆞ고 或有地獄ᄋᆞᆫ 椎撞胸背ᄒᆞ고 或有地獄ᄋᆞᆫ 俱燒手足ᄒᆞ고 或有地獄ᄋᆞᆫ 盤繳鐵蛇ᄒᆞ고 或有地獄ᄋᆞᆫ 驅逐鐵狗ᄒᆞ고 或有地獄ᄋᆞᆫ 幷駕鐵驢ᄂᆞ니라 仁者여 如是等報로 各各獄中에 有百千種ᄒᆞ야 業道之器로 無非是

제5품 지옥명호품　87

것은 모두 구리, 쇠, 돌, 불로 되지 않은 것이 없습니다. 이들 네 종류는 여러 가지 죄업의 과보로 인해 생긴 것입니다. 만약 지옥에서 받는 죄업의 고통에 대해 널리 말하려면, 한 지옥에서 받는 것도 백천 가지 고초가 있습니다. 어찌 하물며 그 많은 지옥이겠습니까?

내가 이제 부처님의 위신력과 인자의 질문을 받들어 대략 말씀드린 것이 이렇습니다. 만약 자세히 해명하려면 겁이 다하도록 말하여도 마치지 못할 것입니다."

銅是鐵이며 是石是火니 此四種物은 衆業行感이니 若廣說地獄罪報等事면 一一獄中에 更有百千種苦楚니 何況多獄이리

我今에 承佛威神 及仁者問하여 略說如是니 若廣解說이나 窮劫不盡이니다

## 제6품  여래께서 지장보살을 찬탄하시다

 그때 부처님께서 온몸으로 큰 광명을 놓으사, 백천억 항하의 모래 수 같은 모든 부처님 세계를 두루 비추시며, 저 모든 부처님 세계의 보살마하살과 천·룡·귀신 등 사람과 사람 아닌 온갖 무리들에게 말씀하셨습니다:

 "들으라. 내가 이제 지장보살마하살이 시방세계에서 불가사의한 대자비의 위신력으로써 온갖 죄업 때문에 고통 받는 중생들을 구제하는 일에 대해 칭찬하고 찬탄

○ 如來讚歎品 第六

爾時에 世尊이 擧身放大光明하여 遍照百千億 恒河沙等諸佛世界하며 出大音聲하여 普告諸佛世界一切諸菩薩摩訶薩 及天龍鬼神 人非人等하시어늘 聽라 吾今日에 稱揚讚歎地藏菩薩摩訶薩이 於十方世界에 現大

하리라. 내가 입멸한 뒤에 그대들 모든 보살마하살과 천·룡·귀신들은 널리 방편을 베풀어 이 경을 지킬 것이며, 온갖 중생들이 모든 괴로움에서 벗어나 열반의 즐거움을 얻게 하여라."

이렇게 말씀하시니, 회중에 있던 보광보살이 공경히 합장하며 부처님께 아뢰었습니다: "지금, 세존께서 지장보살에게 불가사의한 대위신력이 있다고 찬탄하시는 것을 보았습니다. 세존이시여, 미래세의 말법시대 중생을 위하여 지장보살이 인간과

不可思議威神慈悲之力하여 救護一切罪苦之事니라 吾滅度後에 汝等諸菩薩大士 及天龍鬼神等은 廣作方便하고 衛護是經하여 令一切衆生이 離一切苦하여 證涅槃樂하라 說是語已하니 會中에 有一菩薩이 名曰普廣이라 合掌恭敬하고 而白佛言하되 今見世尊은 讚歎地藏菩薩에 有如是不可思議한 大威神

천상을 이롭게 하는 인과에 대하여 말씀해 주십시오. 그리하여 모든 천·룡 등 팔부 신중과 미래세의 중생들이 부처님의 말씀을 받게 하여 주십시오."

그때 세존께서 보광보살과 사부 대중에게 말씀하셨습니다: "자세히 듣고 자세히 들으라. 내가 그대들을 위하여 지장보살이 인간과 천상을 이롭게 하는 복덕에 대하여 간략히 설명할 것이다."

보광보살이 "예, 세존이시여" 하며 기쁘게 듣고자 하였습니다.

力<sup>하시</sup>니 唯願世尊<sup>하</sup> 爲未來世<sup>에</sup> 末法衆生<sup>하</sup>여 宣說地藏菩薩<sup>이</sup> 利益人天<sup>하</sup>는 因果等事<sup>하</sup>사 使諸天龍八部 及未來世衆生<sup>이</sup> 頂受佛語<sup>하</sup>소서

爾時<sup>에</sup> 世尊告普廣菩薩及四衆等<sup>하</sup>사되 諦聽諦聽<sup>하</sup>라 吾當爲汝<sup>하</sup>여 略說地藏菩薩<sup>이</sup> 利益人天福德之事<sup>라</sup>

부처님께서 보광보살에게 말씀하셨습니다: "만약 미래세에 이 지장보살의 이름을 듣거나, 형상에 합장하거나, 예배를 하거나, 생각하고 사모하는 선남자 선여인이 있다면, 이들은 삼십 겁 동안 지은 죄를 뛰어넘게 될 것이다.

보광보살이여, 만약 지장보살의 형상을 그리거나, 흙과 돌에 칠을 하여 만들거나, 금·은·동·철 등으로 이 보살의 상을 조성하여 한 번이라도 우러러 예배하는 선남자 선여인이 있다면, 이들은 삼십삼천에

普廣白言하되 唯然 世尊하 願樂欲聞이니다

佛告普廣菩薩하사되 未來世中에 若有善男子善女人이 聞是地藏

菩薩摩訶薩名者나 或合掌者 讚歎者 作禮者 戀慕者면 是人은

超越三十劫罪니라

普廣이여 若有善男子善女人이 或彩畫形像나 或土石膠漆金銀銅

백 번이나 태어나 오래도록 악도에 떨어지지 않으며, 설령 천상의 복이 다하여 인간으로 태어날지라도 국왕이 되는 등 큰 이익을 얻게 될 것이다.

만약에 여자의 몸을 싫어하여, 지장보살의 형상을 그리거나 흙과 돌에 칠하여 만들거나 동·철 따위로 형상을 만들어 정성을 다하여 공양을 올리며, 이와 같이 날마다 물러서지 않고 항상 꽃·향·음식과 의복·비단·당번·돈·보물 따위를 공양올리는 여인이 있다면, 이 선여인은 한 번

鐵로 作此菩薩하고 一瞻一禮者면 是人은 百返生於三十三天하고 永
不墮於惡道하며 假如天福盡故하여 下生人間이나 猶爲國王하여 不失大
利니라
若有女人이 厭女人身하여 盡心供養地藏菩薩畵像 及土石膠漆
銅鐵等像하되 如是日日不退거나 常以華香飮食과 衣服繒綵와 幢幡

받은 여자 몸이 다하면 백천만 겁이 지나도록 다시는 여인이 있는 세계에조차 나지 않게 될 것이다. 어찌 다시 여인의 몸을 받으랴. 다만 자비원력으로 중생을 제도하기 위해 스스로 여인의 몸을 받는 것을 제외하고는. 이 지장보살을 공양한 힘과 지장보살의 공덕을 입은 까닭으로 백천만 겁 동안 다시는 여인의 몸을 받지 않을 것이다.

또한 보광보살이여, 만약 추하고 병이 많은 것을 싫어하나 다만 지장보살상 앞에

錢寶等物로 供養하면 是善女人은 盡此一報女身하고 百千萬劫에 更不生有女人世界니 何況復受女身이랴 除非慈願力故니 要受女身하여 度脫衆生이니라 承斯供養地藏菩薩之力 及功德力故로 百千萬劫에 更不復受女人之身이니라 復次 普廣菩薩이여 若有女人이 厭是醜陋나 多疾病者하면 但於地

서 잠시라도 지극한 마음으로 절을 하는 여인이 있다면, 이 사람은 천만 겁 동안 원만한 상모를 갖춘 몸으로 태어나며 온갖 질병이 없게 될 것이다.

  또한 이 추한 여인이 여자의 몸을 싫어하지 않는다면 백천만억 겁 동안을 항상 왕녀나 왕비가 되거나 재상이나 큰 장자의 딸이 되어 단정하게 태어나고 모든 상호가 원만할 것이다. 지장보살에게 지극한 마음으로 우러러 예배하면 이와 같은 복을 얻게 된다.

藏菩薩像前에 至心瞻禮하되 食頃之間이면 是人은 千萬劫中에 所受
生身하되 相貌圓滿하고 無諸疾病이니라
是醜陋女人이 如不厭是女身하면 卽百千萬億劫中에 常爲王女
乃及王妃나 宰輔大姓大長者女로 端正受生하고 諸相圓滿하리니 由
至心故로 瞻禮地藏菩薩하면 獲福如是니라

제6품 여래찬탄품

보광보살이여, 또 만약 지장보살의 형상 앞에서 악기를 연주하고 노래를 하며 찬탄하고 향과 꽃으로 공양하고 한 사람이나 많은 사람에게 이를 권하는 선남자 선여인이 있다면, 이들은 현재나 미래의 세상까지 백천의 여러 신들이 밤낮으로 수호하여서 나쁜 일은 전혀 귀에 들리지 않게 될 것이다. 어찌 하물며 여러 횡액을 직접 받는 일이 있으랴.

보광보살이여, 또 미래 세상에 만약 선남자 선여인이 지장보살에게 귀의하여 공

復次 普廣이여 若有善男子善女人이 能對地藏菩薩像前에서 作諸 伎樂하고 歌詠讚歎하고 香華供養하되 乃至勸於一人多人하면 如是等 輩는 現在世中 及未來世에 常得百千鬼神이 日夜衛護하여 不令 惡事는 輒聞於耳언 何況親受諸橫이랴.

復次 普廣菩薩이여 未來世中에 若有惡人 及惡神惡鬼ㅣ 見有善

경하며 공양하고 찬탄하고 우러러 예배하
는 것을 보고 망녕되이 꾸짖고 헐뜯거나,
공덕과 이익이 없는 것이라고 비방하거나,
비웃고 그르다고 하거나, 다른 사람에게
권해 함께 비난하거나, 한 사람이나 많은
사람에게 말하여 여럿이서 그르다고 비난
하는 등 한 생각만이라도 꾸짖고 훼방하는
마음을 내는 나쁜 사람·나쁜 신·나쁜 귀
신들이 있다면, 이러한 무리들은 현겁의
천불이 모두 멸도하신 뒤까지라도 훼방한
그 죄보로 아비지옥에 떨어져서 매우 무거

男子善女人이 歸敬 供養 讚歎 瞻禮 地藏菩薩形像하거나 或妄生
譏毁하고 謗無功德 及利益事나 或露齒笑나 或背面非나 或勸人
共非나 或一人非나 或多人非나 乃至一念 生譏毁者면 如是之
人은 至賢劫千佛滅度之後에 譏毁罪報로 尙在阿鼻地獄하여 受極
重罪니라

제6품 여래찬탄품

운 죄의 과보를 받을 것이다.

그리고 이 겁이 지나고 나서는 다시 아귀보를 받게 되고, 또 천 겁이 지나면 축생보를 받게 되며, 또 천 겁이 지나고서야 비로소 사람의 몸을 받게 된다. 하지만 사람 몸을 받더라도 가난하고 미천하며 육근(눈, 귀, 코, 혀, 몸, 뜻)을 갖추지 못한 불구자가 되고, 많은 악업이 그의 몸에 맺혀 있어 또다시 악도에 떨어지게 될 것이다.

이 까닭에 보광보살이여, 다른 사람이 공양 올리는 것을 비방하고 헐뜯기만 하여

過是劫已에 方受餓鬼하고 又經千劫하면 復受畜生하고 又經千劫하면 方得人身하며 縱得人身하나 貧窮下賤하고 諸根不具하며 多被惡業하여 來結其身하여 不久之間에 復墮惡道니라

是故 普廣이여 譏毁他人供養하면 尙獲此報어늘 何況別生惡見毁滅이랴

도 이 죄보를 받는 것이다. 어찌 하물며 갖가지 나쁜 소견을 내어서 불법을 훼방하고 파괴함이랴.

보광보살이여, 만약 미래의 세상에 오랫동안 병상에 누워 살고자 하거나 죽으려 하여도 마음대로 되지 않는 상태에 있거나, 꿈에 악귀가 집안과 친족을 괴롭히고 험악한 길을 헤매게 하기도 하며, 도깨비 무리나 귀신에 홀리며 세월이 감에 따라 점점 파리해지고 자면서도 처참하게 소리치며 괴로워하는 남자나 여인이 있다면,

復次 普廣菩薩여 若未來世에 有男子女人이 久患牀枕하여 求生求死나 了不可得하고 或夜夢에 惡鬼乃及家親한 或遊險道하고 或多魘魅나 共鬼神遊하여 日月歲深하여 轉復尩瘵하며 睡中叫喚하여 慘悽不樂者면 此皆是業道論對未定輕重하여 或難捨壽며 或不得愈니 男

제6품 여래찬탄품

이들은 모두 업장으로 죄업의 경중이 결정되지 않아, 죽기도 어렵고 병이 나을 수도 없게 된 것이므로 보통 남녀의 속된 눈으로는 도저히 이 일을 알지 못한다.

(이때는) 모든 불·보살님의 형상 앞에서 이 경전을 소리높여 한 번이라도 읽고, 혹은 의복·보배·장원·사택 등 무엇이든 병자가 아끼는 것을 놓고 병자 앞에서 큰 소리로 말해야 한다:

'저희들 ○○ 등은 아픈 이를 위하여 경전과 불상을 모신 앞에 이 재물을 올려 공

女俗眼에 不辨是事니라

但當對諸佛菩薩像前에 高聲轉讀此經一遍하고 或取病人의 可愛之物인 或衣服寶貝나 莊園舍宅하여 對病人前에서 高聲唱言하되 我某甲等은 爲是病人하여 對經像前에서 捨諸物等하여 或供養經像하고

양합니다. 경전과 불상에 공양하거나 불·보살님의 형상을 조성하거나, 탑이나 절로 만들거나, 등불을 밝히거나 부처님 도량에 보시하겠습니다.'

이렇게 아픈 사람이 알아 듣도록 세 번을 말하라. 설령 아픈 이가 모든 의식이 흩어지고 숨기운이 다한 자라면 하루나 이틀, 사흘 내지 이레에 이르도록 큰 소리로 그렇게 말해 주고 큰소리로 이 경을 읽어야 한다. 이 사람은 명을 마친 뒤에 묵은 허물과 중죄로 오무간지옥에 떨어질 죄를

或造佛菩薩形像<sub>하고</sub> 或造塔寺<sub>하고</sub> 或然油燈<sub>하고</sub> 或施常住<sub>니다</sub>

如是三白病人<sub>하여</sub> 遣令聞知<sub>하라</sub> 假使諸識分散<sub>하여</sub> 至氣盡者<sub>는</sub> 一日 二日 三日 乃至七日<sub>에</sub> 但高聲白事<sub>하고</sub> 高聲讀經<sub>하라</sub> 是人<sub>은</sub> 命終 之後<sub>에</sub> 宿殃重罪<sub>로</sub> 至于五無間罪<sub>나</sub> 永得解脫<sub>하고</sub> 所受生處<sub>하여</sub> 常

지었더라도 영원히 해탈을 얻게 되어, 태어나는 곳마다 항상 숙명을 알게 될 것이다. 하물며 스스로 이 경을 쓰거나 남에게 쓰게 하거나, 스스로 보살의 형상을 조성하거나 그리거나, 남에게 권유하여 조성하고 그리도록 한 선남자 선여인이랴. 반드시 큰 이익을 얻는 과보를 받을 것이다.

그러므로 보광보살이여, 만일 이 경전을 독송하며 일념으로 이 경을 찬탄하는 사람이나 혹은 이 경전을 공경하는 사람을 보게 되면, 그대는 마땅히 백천 가지 방편으

知宿命<sup>니라</sup> 何況善男子善女人<sup>이</sup> 自書此經<sup>이나</sup> 或敎人書<sup>하거나</sup> 或自塑
畵菩薩形像 乃至敎人塑畵<sup>랴</sup> 所受果報<sup>는</sup> 必獲大利<sup>라</sup>

是故 普廣<sup>이여</sup> 若見有人<sup>이</sup> 讀誦是經 乃至一念<sup>으로</sup> 讚歎是經<sup>하거나</sup> 或
恭敬是經者<sup>면</sup> 汝須百千方便<sup>하여</sup> 勸是等人<sup>이</sup> 勤心莫退<sup>하고</sup> 能得未

로 그들이 정근하는 마음에서 물러나지 않도록 권하여 미래와 현재에 백천만 억의 불가사의한 공덕을 얻게 하여라.

보광보살이여, 또 만약 미래 세상에 모든 중생들이 꿈속이나 잠결에 귀신들이 여러 형상으로 나타나서 슬피 울며 근심하거나 탄식을 하거나 두려워하고 겁내는 모습을 보이면, 이는 일생이나 십생, 또는 백생, 천생 과거세의 부모나 형제·자매·남편·아내 등의 가족들이 악도에 떨어져 나올 길을 얻지 못하고 스스로의 복력으로는

來現在에 百千萬億不可思議功德라

復次 普廣菩薩이여 若未來世界에 諸衆生等이 或夢或寐에 見諸
鬼神 乃及諸形하야 或悲或啼하며 或愁或歎하며 或恐或怖하면 此皆是
一生十生이나 百生千生의 過去父母 男女弟妹 夫妻眷屬이 在於
惡趣하야 未得出離하고 無處希望福力하야 救拔苦惱하여 當告宿世骨

구원을 얻을 희망이 없으므로, 어쩔 수 없이 숙세의 가족들에게 호소하여 도움을 받아 악도를 벗어나기를 원하는 것이다.

 보광보살이여, 그대는 신통력으로 그 권속들이 모든 불·보살의 형상 앞에 지극한 마음으로 이 경을 읽게 하거나 다른 사람을 시켜서 읽게 하되 세 번이나 일곱 번까지 읽게 하여라. 그렇게 하여 경 읽는 소리가 편 수를 마치면 악도의 권속들이 바로 해탈을 얻어 다시는 꿈속에 나타나지 않을 것이다.

肉<sub>하여</sub> 使作方便<sub>하여</sub> 願離惡道<sub>니라</sub>

普廣<sub>이여</sub> 汝以神力<sub>으로</sub> 遣是眷屬<sub>하여</sub> 令對諸佛菩薩像前<sub>에서</sub> 至心自讀 此經<sub>하고</sub> 或請人讀<sub>하되</sub> 其數三遍 或至七遍<sub>하면</sub> 如是惡道眷屬<sub>이</sub> 經 聲<sub>하고</sub> 畢是遍數<sub>면</sub> 當得解脫<sub>하여</sub> 乃至夢寐之中<sub>에</sub> 永不復見<sub>이니라</sub>

보광보살이여, 또 미래 세상에 숙세의 업보를 깨닫고 참회하고자 하는 미천한 사람이나 노비 등 자유를 잃은 사람들이 있다면, 지극한 마음으로 지장보살의 형상을 우러러 예배하면서 7일 동안 보살의 명호를 만 번을 염하여라. 이렇게 하는 사람들은 지금의 과보가 다한 뒤에 천만 생 동안 항상 존귀한 몸으로 태어나며, 다시는 삼악도의 고통을 겪지 않게 된다.

보광보살이여, 또 만약 미래 세상의 염부제에 찰제리·바라문·장자·거사 등과

復次 普廣이여 若未來世에 有諸下賤等人은 或奴或婢나 乃至諸 不自由之人이 覺知宿業하여 要懺悔者면 至心瞻禮地藏菩薩形像하고 乃於一七日中에 念菩薩名하며 可滿萬遍하라 如是等人은 盡此報後에 千萬生中에 常生尊貴하여 更不經歷三惡道苦니라

復次 普廣이여 若未來世中에 閻浮提內의 刹利婆羅門長者居士

제6품 여래찬탄품 105

다른 종족에게 새로 태어난 아기가 있다면, 남자나 여자가 7일 이내에 이 불가사의한 경전을 읽어주고 다시 보살의 명호를 만 번을 염송하여라. (그렇게 하면) 남자든 여자든 이 아기는 여러 생의 허물로 인하여 죄보를 받을지라도 곧 해탈을 얻게 되며, 안락하게 잘 자라고 수명도 늘게 될 것이다. 만약 복을 타고난 아기라면 안락하고 수명은 더욱 더하게 된다.

　보광보살이여, 또 미래 세상의 중생들은 매달 1일·8일·14일·15일·18일·

一切人等 及異姓種族에 有新生者면 或男或女ㅣ 七日之中에 早與讀誦此不思議經典하고 更爲念菩薩名號하되 可滿萬遍하라 是新生子는 或男或女나 宿有殃報인 便得解脫하여 安樂易養하고 壽命增長이리 若是承福生者면 轉增安樂하고 及與壽命이니라 復次 普廣이여 若未來世衆生이 於月一日八日 十四十五 十八

23일·24일·28일·29일과 30일의 십재일에 모든 죄의 가볍고 무거움이 결정된다. 남염부제 중생들의 행동과 생각 하나하나에는 업 아님이 없고 죄 아닌 것이 없다. 어찌 하물며 방자한 마음으로 살생하고 도둑질하며 사음하고 거짓말하는 등의 백천 가지 죄상이랴.

십재일에 불·보살과 모든 성현의 형상 앞에서 이 경전을 한 번 읽으면 동남서북 백 유순 내의 모든 재앙과 고난이 없어지며, 그가 사는 집안의 어른이나 아이가 현

日 二十三 二十四 二十八日 二十九 三十日 是諸日等에 諸
罪結集하여 定其輕重이니 南閻浮提衆生의 擧止動念은 無不是業이며
無不是罪이라 何況恣情하여 殺生竊盜하며 邪淫妄語하여 百千罪狀이랴
若能於是十齋日에 對佛菩薩 及諸賢聖像前에서 轉讀是經一遍하면
東西南北百由旬內에 無諸災難이니 當此居家의 若長若幼ㅣ 現在

재 또는 미래의 백천 세에 영원히 악도에서 벗어나게 된다. 또한 매달 십재일에 이 경을 한 편씩 읽으면, 현재의 집안에 모든 횡액과 질병이 사라지고 먹는 것과 입을 것이 풍족하게 될 것이다.

그러므로 보광보살이여, 이와 같이 지장보살은 백천만억의 대위신력으로 가이없는 이익을 주는 보살임을 알아야 한다. 염부제의 중생들은 지장보살과 큰 인연이 있다. 모든 중생들이 이 보살의 이름을 듣거나 이 보살의 형상을 보거나, 이 경을 석

未來百千歲中에 永離惡趣며 能於十齋日에 每轉一遍하면 現世의
令此居家에 無諸橫病하며 衣食豊溢이리라
是故 普廣아 當知하라 地藏菩薩은 有如是等不可說百千萬億 大
威神力이라 利益之事니라 閻浮衆生은 於此大士에 有大因緣이니 是諸
衆生은 聞菩薩名이나 見菩薩像하고 乃至 聞是經三字五字나 或一

자나 다섯 자 또는 한 게송 한 구절이라도 듣는다면, 현세에 뛰어난 안락을 얻을 것이며 오는 미래세 백천만 생 동안에도 단정한 몸을 얻고 존귀한 가문에 태어나게 될 것이다."

그때 보광보살은 부처님께서 지장보살을 칭찬하고 찬탄하심을 듣고 무릎 꿇어 합장하고 다시 부처님께 아뢰었습니다:

"세존이시여, 저는 오래 전부터 지장보살이 지닌 불가사의한 위신력과 큰 서원력을 알았습니다. 그러나 미래의 중생들에게

偈一句者면 現在에 受妙安樂하고 未來之世의 百千萬生에 常得端正하여 生尊貴家니라

爾時에 普廣菩薩이 聞佛如來의 稱揚讚歎地藏菩薩已하고 胡跪合掌하며 復白佛言하되

世尊하 我久知니 是大士에게 有如此不可思議神力 及大誓願力이나

제6품 여래찬탄품

널리 알려 이익을 주고자 짐짓 부처님께 여쭈었습니다. 세존이시여, 이 경전은 무엇이라 부르며, 저희들이 어떻게 유포해야 합니까? 가르침을 주십시오."

부처님께서 보광보살에게 말씀하셨습니다: "이 경전은 세 가지 이름이 있다. 하나는 지장본원경이며, 하나는 지장본행경이고, 또 하나는 지장본서력경이다.

이 보살이 오랜 겁 전부터 내려오면서 큰 서원을 거듭 발하여 중생들을 이익되게 함에서 연유한 것이다. 그대들은 이 서원

爲未來衆生에게 遣知利益하사 故問如來니다 世尊하 當何名此經하며 使我云何流布리까 唯願頂受다

佛告普廣하사되 此經은 凡有三名이니 一名地藏本願이며 亦名地藏本行이며 亦名地藏本誓力經이니

緣此菩薩이 久遠劫來에 發重大願하며 利益衆生하니 是故로 汝等은

에 의지하여 이 경전을 널리 펴도록 하여라."

보광보살은 부처님의 말씀을 듣고 합장하고 공손히 예배한 다음 물러갔습니다.

<sup>의 원 유 포</sup>
依願流布하라

<sup>보광보살</sup> <sup>문이</sup> <sup>신수</sup> <sup>합장공경</sup> <sup>작례이퇴</sup>
普廣菩薩이 聞已하고 信受하고 合掌恭敬하며 作禮而退더라

## 제7품  산 이도 죽은 이도 이익되게 하는 법

그때 지장보살마하살이 부처님께 아뢰었습니다:

"세존이시여, 제가 이 염부제의 중생들을 보니, 그들이 행동하고 생각하는 모든 것이 죄 아님이 없습니다. 이익이 되는 좋은 인연을 만나더라도 대개 처음 마음이 나약해지며, 나쁜 인연을 만나면 찰나찰나 나쁜 인연을 더하게 됩니다. 이러한 사람들은 마치 무거운 돌을 지고 진흙길을 걷는 것과 같아서, 갈수록 몸은 지치고 짐은 무거워져

○利益存亡品 第七
爾時에 地藏菩薩摩訶薩이 白佛言하되
世尊하 我觀컨니 是閻浮提衆生의 擧足動念에는 無非是罪니다 若遇善利면 多退初心하고 或遇惡緣하면 念念增益이니 是等輩人은 如履泥塗며 負於重石이니 漸困漸重하여 足步深邃니다

발걸음이 깊은 수렁으로 빠져 듭니다.

  다행히 선지식을 만나게 되면 짐의 일부를 짊어져 주기도 하고 전부를 짊어져 주기도 합니다. 선지식은 큰 힘이 있기 때문에 다시 그를 부축하여 힘을 내게 도와주고 인도하여, 평지에 이르러서는 반드시 지나온 나쁜 길을 살펴보게 함으로써 다시는 그런 길을 밟지 않도록 해 줍니다.

  세존이시여, 악을 익힌 중생은 잠깐 사이라도 한량없는 악을 짓게 됩니다. 모든 중생들이 이와 같은 습성이 있으므로, 임종할

若得遇善知識하면 替與減負하고 或全與負니다 是善知識은 有大力故로 復相扶助하고 勸令牢脚하여 若達平地하고 須省惡路하여 無再經歷이니다

世尊하 習惡衆生은 從纖毫間이나 便至無量이니다 是諸衆生은 有如

때는 남녀 가족들이 그를 위해 복을 닦아 앞길을 열어 주어야 합니다.

이때 깃발과 일산을 걸고 등불을 밝히거나, 존귀한 경전을 읽기도 하며, 부처님과 모든 성인의 존상 앞에 공양을 올리며, 나아가 부처님과 보살님과 벽지불을 생각하면서 한분 한분의 명호를 분명히 불러 임종하는 사람의 귀에 들리게 하여 마음에 새겨지도록 해야 합니다. 그렇게 하면 자신이 지은 악업으로 반드시 나쁜 곳에 떨어지게 되어 있는 중생일지라도, 가족들이 임종하

此習하여 臨命終時에 男女眷屬이 宜爲設福하여 以資前路니라
或懸幡盖나 及然油燈하며 或轉讀尊經하고 或供養佛像이나 及諸聖像하고 乃至念佛菩薩 及辟支佛名字하여 一名一號하여 歷臨終人耳根하면 或聞在本識이니 是諸衆生은 所造惡業으로 計其感果하여 必墮惡趣나 緣是眷屬이 爲其臨終之人사 修此聖因하면 如是衆罪는 悉

는 사람을 위해 짓는 성스러운 인연공덕으로 모든 죄가 다 소멸됩니다. 또 그가 죽은 뒤 49일 안에 가족들이 여러 가지 좋은 공덕을 지어 주면, 그 사람은 영원히 나쁜 곳을 여의고 인간세상이나 천상에 태어나 뛰어나고 묘한 즐거움을 받게 되며, 현재의 가족들도 한량없는 이익을 받게 됩니다.

그러므로 제가 이제 부처님을 모시고 천·룡 팔부 등 사람과 사람 아닌 무리들이 함께 모인 이 자리에서 저 염부제 중생에게, 임종하는 날에는 산 목숨을 죽이거나

皆消滅이니다 若能更爲身死之後七七日內에 廣造衆善하면 能使是 諸衆生이 永離惡趣하고 得生人天하여 受勝妙樂하고 現在眷屬이 利益 無量이니다

是故 我今에 對佛世尊 及天龍八部人非人等에서 勸於閻浮提衆

나쁜 인연 짓기를 삼가며, 귀신과 도깨비들에게 제사지내거나 예배하여 구하지 말 것을 권합니다. 무슨 까닭이오인가. 살생하는 일과 귀신에게 제사지내는 일 등은 죽는 사람에게 털끝만큼의 이익도 되지 않을 뿐더러, 죄만 더욱 깊고 무겁게 할 뿐이기 때문입니다.

가령 내생이나 현생에 성스러운 인연을 만나 인간과 천상에 태어날 수 있게 된 이라 할지라도 임종하는 날에 그 가족들이 악을 행하면, 목숨을 마친 사람에게 재앙과

生이 臨終之日에 愼勿殺生나 及造惡緣하고 拜祭鬼神하며 求諸魍魎다 何以故오 是所殺緣과 乃至拜祭는 無纖毫之力도 利益亡人하고 但結罪緣하여 轉增深重입니다

假使來世에 或現在生에 得獲聖分하고 生人天中나 緣是臨終에 被

화가 되어서 이 명을 마친 사람이 좋은 곳에 태어남이 늦어지게 됩니다. 어찌 하물며 임종하는 사람이 살아 생전에 조그마한 선근도 지은 적이 없으면 자신이 지은 업에 의해 스스로 악도에 떨어질 터인데, 어찌 차마 가족들이 다시 업을 더하겠습니까.

마치 백 근이 넘는 짐을 지고 먼 길을 가는 사흘을 굶은 사람에게 문득 이웃 사람이 나타나 다시 작은 물건이라도 더 짊어지고 가게 하여 더욱더 어렵고 힘들게 하는 것과 같습니다.

諸眷屬이 造是惡因하면 亦令是命終人이 殃累對辨하고 晚生善處니 何況臨命終人이 在生에 未曾有小善根이면 各據本業에 自受惡趣리 何忍眷屬이 更爲增業이리까.

譬如건대 有人이 從遠地來느데 絶粮三日하고 所負擔物하고 强過百斤을 忽遇隣人이 更附小物이면 以是之故에 轉復困重이니라.

세존이시여, 제가 염부제 중생을 살펴 보니, 모든 부처님의 가르침을 따라 머리카락 하나·물 한 방울·모래 한 알·티끌 하나만큼이라도 선한 일을 하게 되면, 모든 이익을 그 중생 스스로 얻게 됨을 알 수 있었습니다."

　이와 같이 말씀하실 때, 회중에 오래 전에 무생법〔남이 없는 법〕을 얻어 장자의 몸을 나타내어 시방세계의 중생들을 교화 제도하고 있는 말 잘하는 '대변'이라는 장자가 있었습니다. 장자는 합장 공경하면서 지장

世尊<sup>하</sup> 我觀<sup>하</sup> 閻浮衆生<sup>은</sup> 但能於諸佛敎中<sup>이나</sup> 乃至善事 一毛
一滴 一沙一塵<sup>이라</sup> 如是利益<sup>은</sup> 悉皆自得<sup>이니다</sup>

說是語時<sup>하니</sup> 會中<sup>에</sup> 有一長者<sup>이니</sup> 名曰大辯<sup>이라</sup> 是長者<sup>는</sup> 久證無
生<sup>에</sup> 化度十方<sup>하고</sup> 現長者身<sup>이라</sup> 合掌恭敬<sup>하고</sup> 問地藏菩薩言<sup>하되</sup>

보살에게 여쭈었습니다:

"대사여, 이 남염부제 중생이 명을 마친 뒤에 그의 가족들이 죽은 이를 위하여 공덕을 닦아주거나 재를 베풀어 여러 가지 좋은 일을 하게 되면, 목숨을 마친 그 사람이 큰 이익을 얻어 해탈을 하지 않겠습니까?"

지장보살이 대답하였습니다: "장자여, 내가 지금 현재와 미래의 모든 중생들을 위하여 부처님의 위신력을 받들어 간단히 그것을 설명하겠습니다.

장자여, 현재와 미래의 모든 중생들이 임

大士여 是南閻浮提衆生이 命終之後에 大小眷屬이 爲修功德하사

乃至設齋하여 造衆善因하면 是命終人이 得大利益 及解脫不니까

地藏菩薩答言하되 長者여 我今에 爲未來現在一切衆生하사 承佛威

力하여 略說是事리다

長者여 未來現在諸衆生等이 臨命終時에 得聞一佛名이나 一菩薩

종하는 날, 한 부처님의 명호나 한 보살님의 명호나 한 벽지불의 명호만 들어도 죄가 있고 없고를 가릴 것 없이 모두 다 해탈을 얻습니다.

만약에 살아 생전에 착한 일보다는 죄를 많이 지은 남자나 여인이 있다면, 임종했을 때, 가깝고 먼 친척들이 훌륭한 공덕을 지어 복을 닦아 주면, 그 공덕의 칠분의 일은 죽은 사람이 얻게 되고 나머지 공덕은 산 사람의 차지가 됩니다. 그러므로 현재와 미래의 선남선녀들이 이 말을 잘 새겨 스스로

名나 一辟支佛名이면 不問有罪無罪하고 悉得解脫하리다

若有男子女人이 在生에 不修善因하고 多造衆罪라도 命終之後에 眷屬大小ㅣ 爲造福利一切聖事하면 七分之中에 而乃獲一하고 六分功德은 生者自利니다 以是之故로 未來現在善男女等이 聞健自修하여

닦으면 그 공덕의 전부를 얻을 수 있습니다.

'덧없음의 큰 귀신'은 기약없이 닥쳐옵니다. 어둠 속을 헤매는 혼신은 자신의 죄와 복을 알지 못하고 49일 동안 바보인 듯 귀머거리인 듯 지내다가, 모든 사직에게서 그의 업과의 옳고 그름을 따진 뒤에야 그의 업대로 다시 태어나게 됩니다. 앞길을 예측할 수 없는 그 사이에도 근심과 고통이 천만 가지이온데, 하물며 악도에 떨어졌을 때이겠습니까.

分分全獲<sup>분분전획</sup>이니다 無常大鬼<sup>무상대귀</sup>는 不期而到<sup>불기이도</sup>며 冥冥遊神<sup>명명유신</sup>은 未知罪福<sup>미지죄복</sup>이나 七七日內<sup>칠칠일내</sup>에 如癡如聾<sup>여치여롱</sup>이나 或在諸司<sup>혹재제사</sup>하고 辯論業果<sup>변론업과</sup>하여 審定之後<sup>심정지후</sup>에 據業受生<sup>거업수생</sup>이니 未測之間<sup>미측지간</sup>에 千萬愁苦<sup>천만수고</sup>니 何況墮於諸惡趣等<sup>하황타어제악취등</sup>이랴

이 목숨을 마친 사람은 다시 태어남을 얻지 못하고 있는 49일 동안 찰나찰나 혈육과 친척들이 복을 지어 구원해 주기만을 간절히 바라다가, 이날이 지난 후에는 업에 따라 과보를 받게 됩니다. 만약 그가 죄 많은 이라면 천백 년이 지나더라도 해탈할 날이 없을 것이며, 그가 만약 오무간지옥에 떨어질 죄를 지어 대지옥에 떨어지게 되면 천만 겁토록 영원히 온갖 고통을 받게 됩니다.

또 장자여, 이러한 죄업 중생들이 목숨을 마친 뒤 혈육과 친척들이 재를 베풀어 그의

是命終人은 未得受生하는 在七七日內에 念念之間에 望諸骨肉眷屬이 與造福力救拔하고 過是日後에 隨業受報나니 若是罪人이 動經千百歲中나 無解脫日이며 若是五無間罪며 墮大地獄하여 千劫萬劫에 永受衆苦나니

復次 長者여 如是罪業衆生은 命終之後에 眷屬骨肉이 爲修營

선업을 도와줄 때는, 재식을 마치기 전이나 재를 지내는 동안 쌀뜨물이나 채소찌꺼기 등을 함부로 땅에 버리지 말며, 모든 음식을 부처님과 스님들께 올리기 전에는 먼저 먹지 말아야 합니다.

만약에 이를 어기고 먼저 먹거나 깨끗하게 만들지 않으면, 목숨을 마친 사람이 복의 힘을 얻지 못할 것입니다. 반대로 정성을 다하여 깨끗하게 만든 음식을 부처님과 스님들께 올리면, 죽은 사람은 그 공덕의 칠분의 일을 얻게 됩니다.

齋하사 資助業道하고 未齋食竟 及營齋之次에 米泔菜葉을 不棄於 地하고 乃至諸食과 未獻佛僧을 勿得先食이니

如有違食하고 及不精勤이면 是命終人은 了不得力하고 若能精勤護 淨하고 奉獻佛僧하면 是命終人은 七分獲一이니다

제7품 이익존망품

장자여, 그러므로 염부제 중생이 목숨을 마친 부모나 가족을 위하여 재를 베풀어 공양하되 지극한 마음으로 부지런히 정성을 다하면, 산 사람 죽은 사람 모두 다 이익을 얻게 되는 것입니다."

이 말씀을 하실 때에, 도리천궁에 있던 천만억 나유타 수의 염부제 귀신들 모두가 한량없는 보리심을 발하였고, 대변장자도 환희심으로 가르침을 받들며 예배하고 물러갔습니다.

是故로 長者여 閻浮衆生이 若能爲其父母와 乃至眷屬이 命終之後에 設齋供養하여 至心勤懇하면 如是之人은 存亡獲利니라 說是語時에 忉利天宮에 有千萬億 那由他 閻浮鬼神이 悉發無量菩提之心하고 大辯長者는 歡喜奉敎하며 作禮而退러라

## 제8품 엄라왕들을 찬탄하시다

그때 철위산 안의 한량없는 귀왕들이 염라천자와 함께 부처님께서 계신 도리천으로 모여들었습니다. 악독귀왕, 다악귀왕, 대쟁귀왕, 백호귀왕, 혈호귀왕, 적호귀왕, 산앙귀왕, 비신귀왕, 전광귀왕, 낭아귀왕, 천안귀왕, 담수귀왕, 부석귀왕, 주모귀왕, 주화귀왕, 주복귀왕, 주식귀왕, 주재귀왕, 주축귀왕, 주금귀왕, 주수귀왕, 주매귀왕, 주산귀왕, 주명귀왕, 주질귀왕, 주험귀왕, 삼목귀왕, 사목귀왕, 오목귀왕, 기리실왕,

○閻羅王衆讚歎品 第八

爾時에 鐵圍山內에 有無量鬼王이 與閻羅天子와 俱詣忉利 來到佛所어늘 所謂 惡毒鬼王 多惡鬼王 大諍鬼王 白虎鬼王 血虎鬼王 赤虎鬼王 散殃鬼王 飛身鬼王 電光鬼王 狼牙鬼王 千眼鬼王 噉獸鬼王 負石鬼王 主耗鬼王 主禍鬼王 主福鬼王

대기리실왕, 기리차왕, 대기리차왕, 아나타왕, 대아나타왕 등이었습니다.

이러한 대귀왕들은 각각 백천의 여러 소귀왕과 더불어 모두 염부제에서 살고 있으며, 각각 맡은 일이 있고 머무는 곳이 따로 있었습니다. 이 모든 귀왕이 염라천자와 함께 부처님의 위신력과 지장보살마하살의 힘을 받들어 도리천으로 와서 한쪽에 공손히 서 있었습니다.

그때 염라천자가 꿇어앉아 합장하고 부처님께 아뢰었습니다: "세존이시여, 저희

主食鬼王 主財鬼王 主畜鬼王 主禽鬼王 主獸鬼王 主魅鬼王 主産鬼王 主命鬼王 主疾鬼王 主險鬼王 三目鬼王 四目鬼王 五目鬼王 祁利失王 大祁利失王 祁利叉王 大祁利叉王 阿那吒王 大阿那吒王입니다.

如是等大鬼王은 各各 與百千諸小鬼王과 盡居閻浮提에서 各有

들이 이제 모든 귀왕들과 더불어 부처님의 위신력과 지장보살마하살의 힘을 받들어 이 도리천의 큰 법회에 오게 된 것은, 좋은 이익을 얻을 수 있기 때문입니다. 저에게 조그마한 의심이 있어 이제 세존께 여쭙겠습니다. 세존이시여, 자비로써 저를 위해 말씀하여 주십시오."

부처님께서 염라천자께 말씀하셨습니다: "그대는 마음대로 물으라. 그대를 위하여 내 설명하리라."

이때 염라천자는 세존께 우러러 예배드

所執<sup>하</sup>고 各有所住<sup>니</sup> 是諸鬼王<sup>이</sup> 與閻羅天子<sup>하여</sup> 承佛威神 及地藏菩薩摩訶薩力<sup>하사</sup> 俱詣忉利<sup>하여</sup> 在一面立<sup>이늘</sup>

爾時<sup>에</sup> 閻羅天子ㅣ 胡跪合掌<sup>하며</sup> 白佛言<sup>하되</sup> 世尊<sup>하</sup> 我等<sup>은</sup> 今者 與諸鬼王<sup>하여</sup> 承佛威神 及地藏菩薩摩訶薩力<sup>하사</sup> 方得詣此 忉利 大會<sup>니</sup> 亦是我等<sup>은</sup> 獲善利故<sup>니</sup> 我今<sup>에</sup> 有小疑事<sup>하여</sup> 敢問世尊<sup>이오니</sup>

제8품 염라왕중찬탄품

리고 지장보살을 돌아보며 부처님께 아뢰었습니다: "세존이시여, 제가 지장보살을 관하옵건대 육도 중에 계시면서 백천 가지 방편으로 죄를 지어 고통 받는 중생들을 끊임없이 제도하시면서도 피곤함도 괴로움도 마다하지 않습니다. 대보살에게는 이와 같은 불가사의한 신통력이 있습니다만, 중생들이 잠시 죄보에서 벗어났다가도 오래지 않아 또다시 악도에 떨어지고 있습니다.

세존이시여, 이 지장보살은 이미 불가사의한 신통력을 지니고 있는데 어찌하여 중

<sub>유원세존</sub> <sub>자비</sub> <sub>위아선설</sub>
唯願世尊하 慈悲로 爲我宣說하소서

<sub>불고염라천자</sub> <sub>자여소문</sub> <sub>오위여설</sub>
佛告閻羅天子하사되 恣汝所問하라 吾爲汝說하리니

<sub>시시</sub> <sub>염라천자</sub> <sub>첨례세존</sub> <sub>급회시지장보살</sub> <sub>이백불언</sub>
是時에 閻羅天子ㅣ 瞻禮世尊하며 及廻視地藏菩薩하고 而白佛言하되

<sub>세존</sub> <sub>아관</sub> <sub>지장보살</sub> <sub>재육도중</sub> <sub>백천방편</sub> <sub>이도죄고</sub>
世尊하 我觀한 地藏菩薩이 在六道中하사 百千方便으로 而度罪苦

<sub>중생</sub> <sub>불사피권</sub> <sub>시대보살</sub> <sub>유여시불가사의</sub> <sub>신통지사</sub>
衆生이나 不辭疲倦이니 是大菩薩은 有如是不可思議한 神通之事니다

생들은 옳은 법에 의지하여 영원한 해탈을 얻지 못합니까? 세존이시여, 저희를 위하여 설명해 주십시오."

부처님께서 염라천자에게 말씀하셨습니다: "남염부제 중생은 성품이 억세고 거칠어서 길들이기가 어렵고 꺾기 어렵다. 그러나 이 대보살은 백천 겁 동안 그러한 중생들을 하나하나 구제하여 해탈의 길로 인도하였다. 이러한 모진 악도에 떨어진 죄인들까지도 지장보살은 방편력으로써 그들이 숙세의 일을 깨닫게 하여 근본 업연에서 구

然<sup>연</sup>나 諸衆生<sup>제중생</sup> 脫獲罪報<sup>탈획죄보</sup>나 未久之間<sup>미구지간</sup>에 又墮惡道<sup>우타악도</sup>니

世尊<sup>세존</sup>하 是地藏菩薩<sup>시지장보살</sup>은 旣有如是不可思議神力<sup>기유여시불가사의신력</sup>하니 云何衆生<sup>운하중생</sup>이 而

不依止善道<sup>불의지선도</sup>하여 永取解脫<sup>영취해탈</sup>이니 唯願世尊<sup>유원세존</sup>하 爲我解說<sup>위아해설</sup>하소서

佛告閻羅天子<sup>불고염라천자</sup>하사되 南閻浮提衆生<sup>남염부제중생</sup>은 其性剛彊<sup>기성강강</sup>하 難調難伏<sup>난조난복</sup>하여 是

大菩薩<sup>대보살</sup>은 於百千劫<sup>어백천겁</sup>에 頭頭救拔如是衆生<sup>두두구발여시중생</sup>을 早令解脫<sup>조령해탈</sup>이니 是罪<sup>시죄</sup>

제하지만, 염부제 중생은 나쁜 업에 깊이 물들어 있어 나왔다가는 다시 들어가 이 보살을 수고롭게 하고, 오랜 겁을 지내며 제도하여야 비로소 해탈하게 된다.

비유하자면, 수많은 야차와 호랑이·사자·살모사·독사·전갈 따위가 있는 험한 길로 잘못 들어 자기 집을 잃게 된 어리석은 사람이 있는 것과 같다. 이 사람은 험한 길에서 잠깐 사이 모든 나쁜 독물이 있는 것들과 곧 마주치게 될 것이다. 이때 여러 가지 사나운 짐승 및 야차의 독까지도 잘

報人은 乃至 墮大惡趣니 菩薩은 以方便力으로 出拔根本業緣이니
而遣悟宿世之事하사 自是閻浮衆生은 結惡習重하여 旋出旋入하며 勞
斯菩薩하고 久經劫數하여 而作度脫이니라
譬컨대 如有人이 迷失本家하고 誤入險道하여 其險道中에 多諸夜叉
及虎狼獅子와 蚖蛇蝮蠍이라 如是迷人은 在險道中에 須臾之間에

풀 수 있는 술법을 가진 선지식이 나타나서, 자꾸만 험한 길로 들어서려는 길 잃은 사람을 보고 이렇게 말할 것이다:

'이 사람아, 어쩌자고 이런 길로 들어왔는가? 모든 맹수들을 물리칠 수 있는 무슨 기이한 방법이라도 있단 말인가?'

길 잃은 사람은 그 말을 듣고 비로소 험한 길로 들어선 것임을 알고 곧 그곳을 벗어나려고 할 것이다.

그때 선지식은 그를 부축하고 이끌어 위험을 벗어나 안전한 곳에 이르게 하고 그에

卽遭諸毒하여 有一知識이니 多解大術하여 善禁是毒과 乃及夜叉諸惡
毒等하여 忽逢迷人하고 欲進險道하니 而語之言하되
咄哉男子여 爲何事故로 而入此路하며 有何異術하여 能制諸毒이랴
是迷路人은 忽聞是語하고 方知險道한줄 卽便退步나 求出此路하니
是善知識은 提携接手하고 引出險道하여 免諸惡毒하고 至于好道에 令

게 말할 것이다:

 '이 사람아, 다음부터는 결코 저 길로 가지 마시오. 저 길로 들어가면 좀처럼 빠져나오기 어려울 뿐 아니라 목숨까지도 잃게 된다오.'

 길을 잃었던 사람은 깊은 감동을 받을 것이다. 헤어질 때 선지식은 또 말할 것이다:

 '만약 저 길을 가는 사람을 보면 그가 친지이거나 아니거나 남자이거나 여자이거나 간에, 저 길에는 여러 가지 악독한 것들이 많아 목숨을 잃게 된다고 말해 주어, 그들

得安樂<sup>한</sup>고 而語之言<sup>하</sup>되
咄哉迷人<sup>이</sup>여 自今以後<sup>에</sup> 勿履此道<sup>하</sup>라 此路入者<sup>면</sup> 卒難得出<sup>하</sup>고 復
損性命<sup>이</sup>오
是迷路人<sup>은</sup> 亦生感動<sup>이</sup>니 臨別之時<sup>에</sup> 知識又言<sup>하</sup>되
若見知親<sup>과</sup> 及諸路人<sup>하</sup>면 若男若女<sup>나</sup> 言<sup>하</sup>되 於此路<sup>에</sup> 多諸惡毒<sup>하</sup>여

이 죽음의 길에 들어서지 않도록 하시오.'

  이와 같이 대자비를 갖춘 지장보살은 죄지어 고통 받는 중생을 구제하여 천상이나 인간으로 태어나 묘한 즐거움을 누리게 해주며, 죄지어 고통 받는 중생들이 업보의 괴로움을 깨닫고 악도에서 벗어나 다시는 그 길로 들어서지 않게 한다.

  마치 길 잃은 사람이 험한 길로 잘못 들어갔을 때 선지식을 만나 나오게 되고 다시는 그 길로 들어서지 않는 것과 같고, 그가 다시 다른 사람에게도 들어가지 말도록 권

喪失性命<sup>이</sup><sub>라</sub> 無令是衆<sup></sup><sub>에</sub> 自取其死<sup></sup><sub>오</sub>

是故 地藏菩薩<sup></sup><sub>은</sub> 具大慈悲<sup>하</sup><sub>야</sub> 救拔罪苦衆生<sup>하</sup><sub>고</sub> 欲生天人中<sup>하</sup><sub>여</sub>

令受妙樂<sup>이니</sup><sub>라</sub> 是諸罪衆<sup></sup><sub>은</sub> 知業道苦<sup></sup><sub>하여</sub> 脫得出離<sup>하</sup><sub>고</sub> 永不再歷<sup>하니</sup><sub>라</sub>

如迷路人<sup></sup><sub>이</sub> 誤入險道<sup>하</sup><sub>여</sub> 遇善知識<sup></sup><sub>하여</sub> 引接令出<sup></sup><sub>하고</sub> 永不復入<sup>하</sup><sub>며</sub> 逢

하면 다른 사람 또한 어리석음으로부터 벗어나 해탈을 얻게 되고 다시는 악도에 들어가지 않게 하는 것과 같은 것이다.

만약 아직도 어리석어 일찍이 빠져들었던 험한 길임을 모르고 다시 그 길을 밟으면 목숨을 잃어 버리기도 하는 것이다.

마치 악도에 떨어진 중생을 지장보살이 방편력으로 해탈케 하여 인간이나 천상에 태어나게 하여도 또다시 악도에 들어가는 것과 같다. 만약 이와 같이 하여 업이 무거워지면 영원히 지옥에 빠져 해탈하기 어렵

見他人하여 復勸莫入하고 自然 因是迷故로 得解脫竟하여 更不復入이라

若再履踐이면 猶尙迷誤하여 不覺舊曾하고 所落險道하여 或致失命이니라

如墮惡趣衆生하여 地藏菩薩이 方便力故로 使令解脫하여 生人天

中하여 旋又再入이라 若業結重이면 永處地獄하고 無解脫時니라

게 된다."

그때 악독귀왕이 합장 공경하며 부처님께 아뢰었습니다: "세존이시여, 그 수가 한량없는 저희 여러 귀왕들이 염부제에 있으면서, 사람에게 이익을 주기도 하고 사람에게 손해를 끼치기도 하는 것이 각각 다른 것은 업보로 그렇습니다. 제가 권속들이 세계를 돌아다니게 해 보니 악한 자는 많고 선한 자는 적었습니다. 저희가 마을이나 도시·마을·장원·주택을 지나다가, 혹 한 터럭만큼이라도 선한 일을 하거나, 불법을

爾時에 惡毒鬼王이 合掌恭敬하며 白佛言하되 世尊하 我等諸鬼王은 其數無量하니 在閻浮提하여 或利益人하며 或損害人하며 各各不同이니다 然이나 是業報로 使我眷屬이 遊行世界하여 多惡少善이니 過人家庭과 或城邑聚落과 莊園房舍하되 或有男子女人이 修毫髮善事나 乃至

찬양하는 깃발이나 일산 또는 향이나 꽃을 가지고 부처님이나 보살님의 존상 앞에 공양을 올리거나, 존귀한 경전을 독송하거나, 향을 살라 법문 한 구절이나 한 게송이라도 독송하고 공양하는 남자나 여인이 있으면, 저희 귀왕들은 이 사람에게 예배 공경하기를 과거·현재·미래의 모든 부처님을 섬기듯 하겠습니다.

또한 큰 힘이 있고 토지를 맡은 작은 귀신들이 호위하게 하여 나쁜 일이나 몹쓸 병이나 뜻에 맞지 않는 일들이 이 사람의 집

懸一幡一盖<sup>하고</sup> 少香少華<sup>로</sup> 供養佛像 及菩薩像<sup>하고</sup> 或轉讀尊經<sup>하고</sup>
燒香供養<sup>하되</sup> 一句一偈<sup>면</sup> 我等鬼王<sup>은</sup> 敬禮是人<sup>하고</sup> 如過去現在未
來諸佛<sup>이니다</sup>
勅諸小鬼<sup>는</sup> 各有大力 及土地分<sup>인</sup> 更令衛護<sup>하고</sup> 不令惡事橫事<sup>와</sup>
惡病橫病<sup>과</sup> 乃至不如意事ㅣ 近於此舍等處<sup>님</sup> 何況入其門戶<sup>리까</sup>

근처에서도 일어나지 않게 할 것입니다. 어찌 하물며 그 집안에 들게 하겠습니까?"

부처님께서 귀왕을 찬탄하셨습니다: "좋다, 장하다. 염라천자와 더불어 너희들이 선남자 선여인을 그와 같이 보호하는구나. 나 또한 범왕과 제석들이 너희들을 지키고 돕게 할 것이다."

이 말씀을 하실 때, 회중 가운데 수명을 맡은 주명귀왕이 부처님께 아뢰었습니다:

"세존이시여, 저의 본래 업연은 염부제 사람들의 수명과 태어남과 죽음을 모두 주

<sub>불 찬 귀 왕</sub> <sub>선 재 선 재</sub> <sub>여 등</sub> <sub>급 여 염 라 천 자</sub> <sub>능 여 시 옹 호 선</sub>
佛讚鬼王<sub>하사</sub> 善哉善哉<sub>라</sub> 汝等 及與閻羅天子<sub>는</sub> 能如是擁護善

<sub>남 자 선 여 인</sub> <sub>오 역 영 어 범 왕 제 석</sub> <sub>위 호 여 등</sub>
男子善女人<sub>한</sub> 吾亦令於梵王帝釋<sub>이</sub> 衛護汝等<sub>하리라</sub>

<sub>설 시 어 시</sub> <sub>회 중</sub> <sub>유 일 귀 왕</sub> <sub>명 왈 주 명</sub> <sub>백 불 언</sub>
說是語時<sub>에</sub> 會中<sub>에</sub> 有一鬼王<sub>이니</sub> 名曰主命<sub>이라</sub> 白佛言<sub>하되</sub>

<sub>세 존</sub> <sub>아 본 업 연</sub> <sub>주 기 염 부 제 인 수 명</sub> <sub>생 시 사 시</sub> <sub>아 개 주</sub>
世尊<sub>하</sub> 我本業緣<sub>은</sub> 主其閻浮提人壽命<sub>이라</sub> 生時死時<sub>는</sub> 我皆主

관하는 것입니다. 저의 본래 원은 중생을 크게 이롭게 하려는 것이나, 중생들은 제 뜻을 알지 못해 날 때나 죽을 때나 편안함을 얻지 못합니다.

무슨 까닭이오인가. 이 염부제에 아기가 태어나려 할 때 남자거나 여자거나 집안사람들이 착한 일을 하게 되면 집안에 이익이 더하고, 토지신도 한없이 기뻐하여 아이와 어머니를 보호하고 큰 안락을 얻게 하며 가족도 이롭게 하기 때문입니다.

아이를 낳은 뒤에는 조심하여 살생을 하

之지니 在我本願재아본원은 甚大利益심대이익이니 自是衆生자시중생은 不會我意불회아의하여 致令生치령생

死사한 俱不得安구부득안이니다

何以故하이고오 是閻浮提人시염부제인이 初生之時초생지시에 不問男女불문남녀하고 將欲生時장욕생시에 但단

作善事작선사하며 增益舍宅증익사택고 自令土地자령토지도 無量歡喜무량환희하며 擁護子母옹호자모하고 得大득대

安樂안락하며 利益眷屬이익권속이니다

지 말아야 할 것입니다. 여러 가지 비린 것들을 가져다가 산모에게 먹이고, 많은 친척들이 모여 술을 마시고 고기를 먹으며 노래를 부르고 풍악을 울리면서 즐긴다면, 산모와 아이가 함께 편안함과 즐거움을 얻지 못하게 됩니다. 무슨 까닭이오인가. 아이를 낳을 때에는 무수히 많은 악귀와 도깨비들이 비린내 나는 피를 먹고자 하기 때문입니다.

그러므로 저는 집안의 토지신들이 산모와 아기를 보호하여 편안하게 합니다. 그

或已生下에 愼勿殺生하고 取諸鮮味하여 供給産母하고 及廣聚眷屬이
飮酒食肉하고 歌樂絃管하면 能令子母ㅣ 不得安樂이니 何以故오 是
我難時에 有無數惡鬼 及魍魎精魅ㅣ 欲食腥血이니다
是我는 早令舍宅土地靈祇ㅣ 荷護子母나 使令安樂하고 而得利

사람들이 안락한 것을 보았으면 마땅히 선행을 하여 복을 지어 토지신들에게 보답해야 하거늘, 도리어 산 목숨을 죽여 가족들이 잔치를 벌이게 되면 스스로 재앙을 불러 산모와 아이 모두에게 해를 끼치게 됩니다.

또한 염부제 사람들이 목숨을 마치게 되면, 저는 그 사람의 선악을 묻지 않고 악도에 떨어지지 않게 하고 있습니다. 어찌 하물며 스스로 선근을 닦아 저의 힘을 도와주는 사람이겠습니까.

그러나 이 염부제에서 선을 행한 사람도

益하며 如是之人이 見安樂故면 便合設福하여 答諸土地언마는 翻爲殺
生하여 聚會眷屬하면 以是之故로 犯殃自受하고 子母俱損이니다
又閻浮提臨命終人이 不問善惡하고 我欲令是命終之人이 不落惡
道리다 何況自修善根하여 增我力故리까
是閻浮提에 行善之人도 臨命終時에 亦有百千惡毒鬼神이 或變

임종할 때가 되면 백천이나 되는 악독한 귀신들이 부모나 가족의 형상으로 변하여 나타나 망인을 이끌어 악도에 빠지게 합니다. 어찌 하물며 본래부터 악을 지은 자들이겠습니까.

세존이시여, 이와 같이 염부제의 남자와 여인들은 임종할 때에 정신이 아득해져서 선악을 분간하지 못하며, 눈과 귀로는 아무것도 보고 들을 수 없습니다. 이때 그의 가족들이 큰 공양을 베풀고 귀중한 경전을 읽으며 불·보살님의 명호를 생각하고 부르

作<sup>작</sup>父<sup>부</sup>母<sup>모</sup> 乃<sup>내</sup>至<sup>지</sup>諸<sup>제</sup>眷<sup>권</sup>屬<sup>속</sup>하여 引<sup>인</sup>接<sup>접</sup>亡<sup>망</sup>人<sup>인</sup>하여 令<sup>영</sup>落<sup>락</sup>惡<sup>악</sup>道<sup>도</sup>니 何<sup>하</sup>況<sup>황</sup>本<sup>본</sup>造<sup>조</sup>惡<sup>악</sup> 者<sup>자</sup>리까

世<sup>세</sup>尊<sup>존</sup>하 如<sup>여</sup>是<sup>시</sup>閻<sup>염</sup>浮<sup>부</sup>提<sup>제</sup>男<sup>남</sup>子<sup>자</sup>女<sup>여</sup>人<sup>인</sup>이 臨<sup>임</sup>命<sup>명</sup>終<sup>종</sup>時<sup>시</sup>에 神<sup>신</sup>識<sup>식</sup>昏<sup>혼</sup>迷<sup>미</sup>하고 不<sup>불</sup>辨<sup>판</sup>善<sup>선</sup> 惡<sup>악</sup>하 乃<sup>내</sup>至<sup>지</sup>眼<sup>안</sup>耳<sup>이</sup>도 更<sup>갱</sup>無<sup>무</sup>見<sup>견</sup>聞<sup>문</sup>이니 是<sup>시</sup>諸<sup>제</sup>眷<sup>권</sup>屬<sup>속</sup>은 當<sup>당</sup>須<sup>수</sup>設<sup>설</sup>大<sup>대</sup>供<sup>공</sup>養<sup>양</sup>하고 轉<sup>전</sup>讀<sup>독</sup> 尊<sup>존</sup>經<sup>경</sup>하고 念<sup>염</sup>佛<sup>불</sup>菩<sup>보</sup>薩<sup>살</sup>名<sup>명</sup>號<sup>호</sup>하며 如<sup>여</sup>是<sup>시</sup>善<sup>선</sup>緣<sup>연</sup>하여 能<sup>능</sup>令<sup>령</sup>亡<sup>망</sup>者<sup>자</sup>ㅣ 離<sup>이</sup>諸<sup>제</sup>惡<sup>악</sup>道<sup>도</sup>하고 諸<sup>제</sup>

제8품 염라왕중찬탄품

면, 이러한 좋은 인연으로 죽은 이가 모든 악도에서 벗어나게 되고, 모든 마군과 귀신들도 흩어져 사라지게 됩니다.

세존이시여, 임종할 때 한 부처님이나 한 보살님의 명호라도 듣거나 대승경전의 한 구절 한 게송이라도 듣게 되는 중생이 있으면, 제가 이러한 사람들을 살펴 오무간지옥에 떨어질 살생의 죄만 제외하고, 소소한 악업으로 인하여 악도에 떨어질 자들은 모두 해탈을 얻게 하겠습니다."

부처님께서 주명귀왕에게 말씀하셨습니

魔鬼神이 悉皆退散다

世尊하 一切衆生이 臨命終時에 若得聞一佛名이나 一菩薩名이나 或 大乘經典의 一句一偈하면 我觀如是輩人하여 除五無間의 殺生之罪하고 小小惡業은 合墮惡趣者는 尋卽解脫이리다

佛告主命鬼王하사되 汝大慈故로 能發如是大願하여 於生死中에 護

다: "그대가 대자비로 큰 서원을 발하여 태어나고 죽음을 맞이하는 중생들을 보호하는구나. 만일 미래세에도 나고 죽음에 이른 남녀 중생이 있으면, 그대는 이 원력에서 물러서지 말고 모두를 해탈시켜 영원히 안락함을 얻게 하여라."

주명귀왕이 부처님께 아뢰었습니다: "세존이시여, 염려하지 마옵소서. 제가 이 몸이 다할 때까지 찰나찰나 염부제의 중생들을 보호하여, 날 때나 죽을 때 모두 안락함을 얻게 하겠습니다. 다만 모든 중생들이

諸衆生(제중생)니 若未來世中(약미래세중)에 有男子女人(유남자여인)이 至生死時(지생사시)면 汝莫退是(여막퇴시)
願(원)여 總令解脫(총령해탈)고 永得安樂(영득안락)라

鬼王白佛(귀왕백불)되 願不有慮(원불유려)소서 我畢是形(아필시형)록 念念擁護閻浮衆生(염념옹호염부중생)하 生時(생시)
死時(사시)에 俱得安樂(구득안락)이리 但願諸衆生(단원제중생)이 於生死時(어생사시)에 信受我語(신수아어)하여 無
不解脫(불해탈)고 獲大利益(획대이익)이리다

제8품 염라왕중찬탄품

저의 말을 믿고 받아들여 모두가 해탈을 얻고 큰 이익을 얻게 되기를 바랄 뿐입니다."

그때 부처님께서 지장보살에게 말씀하셨습니다:

"이 수명을 맡은 대귀왕은 이미 과거 백천 생 동안 대귀왕이 되어 나고 죽는 중생들을 보호하고 있었다. 이는 보살이 자비원력으로 대귀왕의 몸을 나타낸 것이요, 실은 귀신이 아니다. 앞으로 일백칠십 겁이 지나면 주명대귀왕은 마땅히 성불하여 무상여래라 할 것이며, 겁의 이름은 안락이며, 세

爾時<sub>에</sub> 佛告地藏菩薩<sub>하사</sub>되
是大鬼王 主壽命者<sub>는</sub> 已曾經百千生中<sub>에</sub> 作大鬼王<sub>하여</sub> 於生死中<sub>에</sub> 擁護衆生<sub>이니</sub> 如是大士<sub>는</sub> 慈悲願故<sub>로</sub> 現大鬼王身<sub>이나</sub> 實非鬼也<sub>니라</sub> 却後過一百七十劫<sub>에</sub> 當得成佛<sub>하여</sub> 號曰無相如來<sub>며</sub> 劫名安

계의 이름은 정주이고, 그 부처님 수명은 가히 헤아릴 수 없는 겁이다.

　지장보살이여, 이 대귀왕의 일은 이와 같이 불가사의하며, 그에게 제도받은 하늘사람과 세간사람들의 수 또한 헤아릴 수 없이 많다."

樂<sup>락</sup>이 世界名淨住<sup>세계명정주</sup>니 其佛壽命<sup>기불수명</sup>은 不可計劫<sup>불가계겁</sup>이니라
地藏菩薩<sup>지장보살</sup>이여 是大鬼王<sup>시대귀왕</sup>은 其事如是<sup>기사여시</sup>하여 不可思議<sup>불가사의</sup>니 所度天人<sup>소도천인</sup>도 亦<sup>역</sup>
不可限量<sup>불가한량</sup>이니라

## 제9품 과거 부처님의 명호를 부르는 공덕

그때 지장보살마하살이 부처님께 아뢰었습니다: "세존이시여, 제가 지금 미래세의 중생들을 위해 이익되는 일을 말하여, 나고 죽는 고통의 바다에서 큰 이익을 얻게 하고자 합니다. 세존이시여, 허락하소서."

부처님께서 지장보살에게 말씀하셨습니다: "그대가 지금 자비심을 일으켜 죄업으로 인해 고통에 빠진 육도중생을 제도하고자 불가사의한 일을 말하려 하는구나. 지금이 바로 그때이다. 어서 말하라. 나는 곧 열

○稱佛名號品 第九

爾時에 地藏菩薩摩訶薩이 白佛言하되 世尊하 我今에 爲未來衆生하여 演利益事니 於生死中에 得大利益이니 唯願世尊하 聽我說之소서 佛告地藏菩薩하사되 汝今에 欲興慈悲하야 救拔一切罪苦 六道衆生하 演不思議事를 今正是時니라 唯當速說하라 吾卽涅槃하리니 使汝ㅣ

반하리니, 그대가 원을 다 이루게 되면 나도 또한 현재와 미래의 일체 중생들을 염려하지 않을 것이다."

지장보살이 부처님께 아뢰었습니다: "세존이시여, 과거 한량없는 아승기 겁 전에 무변신여래라는 부처님께서 세상에 나오셨습니다. 만일 이 부처님의 명호를 듣고 잠깐 동안만이라도 공경심을 내는 남자나 여인이 있다면, 사십 겁 동안 나고 죽는 무거운 죄도 벗어나게 됩니다. 어찌 하물며 부처님의 형상을 조성하거나 그려 모시어 공

早畢是願<sup>조필시원</sup>하면 吾亦無憂現在未來一切衆生<sup>오역무우현재미래일체중생</sup>하리라

地藏菩薩<sup>지장보살</sup>이 白佛言<sup>백불언</sup>하되 世尊<sup>세존</sup>하 過去無量 阿僧祇劫<sup>과거무량 아승기겁</sup>에 有佛出世<sup>유불출세</sup>니

號無邊身如來<sup>호무변신여래</sup>니 若有男子女人<sup>약유남자여인</sup>이 聞是佛名<sup>문시불명</sup>하고 暫生恭敬<sup>잠생공경</sup>하면 即得<sup>즉득</sup>

超越四十劫<sup>초월사십겁</sup>의 生死重罪<sup>생사중죄</sup>니라 何況塑畵形像<sup>하황소화형상</sup>하고 供養讚歎<sup>공양찬탄</sup>으로 其人獲<sup>기인획</sup>

福<sup>복</sup>은 無量無邊<sup>무량무변</sup>이리라

제9품 칭불명호품 147

양하고 찬탄함이겠습니까. 그 사람이 얻는 복은 더욱 한량이 없고 끝이 없게 됩니다.

또 과거 항하사 겁 전에 보승여래라는 부처님께서 세상에 나오셨습니다. 만일 이 부처님의 명호를 듣고 손가락 한 번 튕길 순간만이라도 발심하여 귀의하는 남자나 여인이 있다면, 이 사람은 위없는 진리의 길에서 길이 물러서지 않게 됩니다.

또 저 과거에 파두마승여래라는 부처님께서 세상에 나오셨습니다. 만일 이 부처님의 명호를 듣는 남자나 여인이 있다면, 이

又於過去 恒河沙劫 有佛出世니 號寶勝如來니 若有男子女人이 聞是佛名하고 一彈指頃에 發心歸依하면 是人은 於無上道에서 永不退轉이니다

又於過去 有佛出世니 號波頭摩勝如來니 若有男子女人이 聞是佛名 歷於耳根하면 是人은 當得千返에 生於六欲天中을 何況

사람은 천 번을 욕계 여섯 하늘에 태어납니다. 어찌 하물며 지극한 마음으로 부처님의 명호를 생각하고 부름이리까.

또 과거 말로 할래야 다할 수도 없는 아승기 겁 전에 사자후여래라는 부처님께서 세상에 나오셨습니다. 만일 이 부처님의 명호를 듣고 일념으로 귀의하는 남자나 여인이 있다면, 이 사람은 한량없는 모든 부처님을 만나 마정수기를 받게 됩니다.

또 과거에 구류손불이라는 부처님께서 세상에 나오셨습니다. 만일 이 부처님의 명

至心稱念이랴

又於過去 不可說不可說 阿僧祇劫에 有佛出世니 號師子吼如來니라 若有男子女人이 聞是佛名하고 一念歸依하면 是人은 得遇無量 諸佛하여 摩頂授記리라

又於過去 有佛出世니 號拘留孫佛이라 若有男子女人이 聞是佛

호를 듣고 지극한 마음으로 우러러 예배하거나 찬탄하는 남자나 여인이 있다면, 이 사람은 저 현겁의 천불회상에서 대범왕이 되어 으뜸가는 기별을 받게 됩니다.

또 과거에 비바시불이라는 부처님께서 세상에 나오셨습니다. 만일 이 부처님의 명호를 듣는 남자나 여인이 있다면, 오랫동안 악도에 떨어지지 않고 항상 인간이나 천상에 태어나 뛰어난 즐거움을 누리게 됩니다.

또 과거 헤아릴 수 없이 많은 항하사 겁 전에 다보여래라는 부처님께서 세상에 나

名<sup>하</sup>고 至心瞻禮<sup>하며</sup> 或復讚歎<sup>하면</sup> 是人<sup>은</sup> 於賢劫千佛會中<sup>에</sup> 爲大梵王<sup>하여</sup> 得受上記<sup>라</sup>

又於過去<sup>에</sup> 有佛出世<sup>니</sup> 號毗婆尸佛<sup>이니</sup> 若有男子女人<sup>이</sup> 聞是佛名<sup>하면</sup> 永不墮於惡道<sup>하고</sup> 常生人天<sup>하여</sup> 受勝妙樂<sup>이리라</sup>

又於過去 無量無數恒河沙劫<sup>에</sup> 有佛出世<sup>니</sup> 號多寶如來<sup>니라</sup> 若

오셨습니다. 만일 이 부처님의 명호를 듣는 남자나 여인이 있다면, 마침내 악도에 떨어지지 않고 항상 천상에 있으면서 뛰어난 즐거움을 누리게 됩니다.

또 과거에 보상여래라는 부처님께서 세상에 나오셨습니다. 만일 이 부처님의 명호를 듣고 공경심을 내는 남자나 여인이 있다면, 이 사람은 오래지 않아서 아라한의 과보를 얻게 됩니다.

또 과거 한량없는 아승기 겁 전에 가사당여래라는 부처님께서 세상에 나오셨습니

有男子女人이 聞是佛名하면 畢竟에 不墮惡道하고 常在天上하여 受勝妙樂이리다

又於過去 有佛出世니 號寶相如來니 若有男子女人이 聞是佛名하고 生恭敬心하면 是人은 不久에 得阿羅漢果리다

又於過去 無量阿僧祇劫에 有佛出世니 號袈裟幢如來니 若有

다. 만일 이 부처님의 명호를 듣는 남자나 여인이 있다면, 일백 번의 대겁 동안 나고 죽는 죄를 벗어나게 됩니다.

또 과거에 대통산왕여래라는 부처님께서 세상에 나오셨습니다. 만일 이 부처님의 명호를 듣는 남자나 여인이 있다면, 이 사람은 항하의 모래알만큼 많은 부처님을 만나 널리 설하는 가르침을 듣고 반드시 깨달음을 이루게 됩니다.

또 과거에 정월불·산왕불·지승불·정명왕불·지성취불·무상불·묘성불·만월

男子女人이 聞是佛名하면 超一百大劫生死之罪리다

又於過去 有佛出世니 號大通山王如來님 若有男子女人이 聞是佛名者면 是人은 得遇恒河沙佛의 廣爲說法하고 必成菩提리다

又於過去 有淨月佛 山王佛 智勝佛 淨名王佛 智成就佛 無上佛 妙聲佛 滿月佛 月面佛이니 有如是等의 不可說佛이니다

불·월면불 등 이루 헤아릴 수 없이 많은 부처님께서 계셨습니다.

세존이시여, 현재나 미래에 천신 사람 남자 여자 할것 없이 일체 중생이 단 한 분의 부처님 명호만을 생각하여도 그 공덕이 한량없습니다. 하물며 많은 부처님의 명호를 생각하고 부름이겠습니까? 이 중생들은 살았을 때나 죽었을 때나 스스로 큰 이익을 얻어 마침내 악도에 떨어지지 않습니다.

만일 임종하려는 사람의 가족 중 한 사람만이라도 이 사람을 위하여 높은 소리로 한

世尊하 現在未來一切衆生이 若天若人 若男若女나 但念得一
佛名號하면 功德無量이니 何況多名이랴 是衆生等은 生時死時에 自
得大利하고 終不墮惡道리라

若有臨命終人에 家中眷屬이 乃至一人나 爲是病人하여 高聲 念

부처님의 명호만이라도 부른다면, 오무간지옥에 떨어질 큰 죄를 제외하고 목숨을 마치는 사람의 나머지 업보가 모두 다 소멸됩니다. 이 오무간의 큰 죄 또한 지극히 무거워 비록 억 겁이 지나도 벗어날 수 없는 것이지만, 목숨을 마칠 때에 다른 사람이 그를 위해 부처님의 명호를 생각하고 불렀으므로, 그 무거운 죄업도 점점 소멸됩니다. 어찌 하물며 중생들이 스스로 부처님의 명호를 생각하고 부름이겠습니까. 한량없는 죄가 소멸되고 한량없는 복을 얻게 됩니다."

一佛名하면 是命終人는 除五無間大罪하고 餘業報等는 悉得消滅하며 是五無間大罪는 雖至極重하나 動經億劫에도 了不得出이나 承斯臨命終時에 他人이 爲其稱念佛名하면 於是罪重도 亦漸消滅하리라 何況 衆生이 自稱自念이라 獲福無量하여 滅無量罪니다

## 제10품  보시 공덕을 비교하다

그때 지장보살마하살이 부처님의 위신력을 받들어 자리에서 일어나 무릎을 꿇고 합장하며 부처님께 아뢰었습니다: "세존이시여, 제가 업도 중생들의 보시공덕을 헤아려 보건대 가벼운 자도 있고 무거운 자도 있으며, 일생 동안 복을 누리는 이도 있고, 십생 동안 복을 누리는 이도 있으며, 백천 생 동안 큰 복을 누리는 이도 있습니다. 이것은 어찌한 까닭입니까? 세존이시여, 저를 위하여 말씀하여 주십시오."

○校量布施功德品 第十

爾時에 地藏菩薩摩訶薩이 承佛威神하여 從座而起하고 胡跪合掌하여 白佛言하되 世尊하 我觀業道衆生의 校量布施하니 有輕有重하며 有一生受福하고 有十生受福하고 有百生千生ㅣ 受大福利者는 是事云何니까 唯願世尊하 爲我說之소서

그때 부처님께서 지장보살에게 말씀하셨습니다: "내가 지금 도리천궁의 일체 대중이 모인 이 법회에서, 염부제에서 보시한 공덕의 가볍고 무거운 것에 대해 헤아려 설명하리라. 그대는 마음에 새겨 들어라. 내가 그대를 위하여 설명하리라."

지장보살이 부처님께 "저는 그 일이 궁금합니다" 하며 기쁘게 듣고자 하였습니다.

부처님께서 지장보살에게 말씀하셨습니다: "남염부제에 있는 모든 국왕·재상·대신·대장자·대찰제리·대바라문 들이

爾時에 佛告地藏菩薩하사 吾今에 於忉利天宮一切衆會에서 說閻
浮提 布施校量功德輕重하리니 汝當諦聽하 吾爲汝說하리라
地藏이 白佛言하되 我疑是事니 願樂欲聞하더이다
佛告地藏菩薩하사 南閻浮提에 有諸國王이나 宰輔大臣 大長者
大刹利 大婆羅門等이 若遇最下貧窮하나 乃至 癃殘瘖瘂聾癡無

만약 가장 가난한 자·꼽추·벙어리·귀머거리·장님 등 갖가지의 장애인들을 만나 이 많은 국왕들이 보시를 하고자 할 때, 〔만일〕 대자비심을 갖추어 겸손한 마음으로 웃음을 지으며 손수 보시를 하거나, 다른 사람을 시켜 보시하되 부드러운 말로 위로할 수 있다면, 이들 국왕 등이 얻게 되는 복과 이익은 백 항하의 모래알만큼 많은 부처님께 보시한 공덕과 같다.

　무슨 까닭인가. 높고 귀한 자리에 있는 이들이 가장 빈천한 이들과 장애인들에게

目나 如是種種의 不完具者하면 是大國王等이 欲布施時에 若能具
大慈悲하여 下心含笑하고 親手遍布하거나 或使人施나 軟言慰喩하면 是國
王等이 所獲福利리 如布施百恒河沙佛 功德之利니라
何以故오 緣是國王等이 於是最貧賤輩나 及不完具者에게 發大慈
悲心이니 是故로 福利有如此報에 百千生中에 常得七寶具足이니라

제10품 교량보시공덕품　　157

큰 자비심을 낸 까닭이다. 따라서 그들은 백천 생 동안 항상 칠보를 구족하는 복과 이익을 얻게 된다. 어찌 하물며 먹고 입을 일용품이랴.

다시 지장이여, 만약 미래 세상에 붓다의 탑이나 붓다의 형상이나 보살·성문·벽지불 등의 존상을 보고 스스로 보시와 공양을 하는 모든 국왕이나 바라문 등이 있다면, 이 국왕 등은 삼 겁 동안 제석천왕이 되어 뛰어난 즐거움을 누릴 것이며, 만약 보시한 복과 이익을 법계에 회향하면 이 대국왕 등

何況衣食受用이랴

復次 地藏이여 若未來世에 有諸國王 至婆羅門等이 遇佛塔寺나 或佛形像과 乃至 菩薩 聲聞 辟支 等像하여 躬自營辦하여 供養布施하면 是國王等은 當得三劫에 爲帝釋身하여 受勝妙樂이리라 若能以此布施福利로 廻向法界하면 是大國王等은 於十劫中에 常爲大梵

은 십 겁 동안 항상 대범천왕이 된다.

또 지장이여, 만약 미래 세상에 옛 붓다의 탑묘와 경전이나 존상이 허물어지고 파괴된 것을 보고 마음을 내어서 보수를 하되, 스스로 힘써 하거나 남에게 권하여 수천의 많은 사람들에게 보시 인연을 많이 맺어 주는 모든 국왕이나 바라문이 있다면, 이 국왕 등은 백천 생 동안 항상 전륜성왕이 되고, 같이 보시한 다른 사람들도 백천 생 동안 항상 작은 나라의 왕이 될 것이다. 다시 탑묘 앞에서 회향하는 마음을 내게 되

天王이니라

復次 地藏이여 若未來世에 有諸國王 至婆羅門等이 遇先佛塔廟나 或至經像이 毀壞破落한 乃能發心修補되 是國王等이 或自營辦하되 或勸他人나 乃至 百千人等에게 布施結緣하면 是國王等은 百千生中에 常爲轉輪王身하고 如是他人에게 同布施者는 百千生

면 국왕과 저 모든 사람들은 모두가 불도를 이룰 것이다. 이와 같이 받는 과보는 한량이 없고 끝이 없다.

다시 지장이여, 미래 세상에 늙고 병든 이나 해산하는 여인을 보고 한 생각 동안이라도 큰 자비심을 일으켜 의약·음식·침구 등을 보시하여 안락하게 해 주는 모든 국왕이나 바라문이 있다면, 이와 같은 (선업의) 복과 이익은 가장 커서 이루 다 생각할 수가 없다. 그리하여 일백 겁 중에 항상 정거천주가 되고 이백 겁 동안은 항상 육욕

中에 常爲小國王身하리라 更能於塔廟前에 發廻向心하면 如是國王 乃及諸人은 盡成佛道리니 以此果報는 無量無邊이니라

復次 地藏이여 未來世中에 有諸國王 及婆羅門等이 見諸老病 及 生產婦女하면 若一念間에 具大慈心하고 布施醫藥 飮食臥具하여 使 令安樂하면 如是福利는 最不思議하여 一百劫中에 常爲淨居天主하며

천주가 되며, 영원히 악도에 떨어지지 않고 백천 생 동안 괴로운 소리를 듣지 않으며, 마침내는 붓다를 이룬다.

또 지장이여, 만약 미래 세상에 이와 같은 보시를 하는 모든 국왕이나 바라문이 있다면, 한량없는 복을 얻고, 다시 법계에 회향하면 보시의 많고 적음에 상관없이 마침내 성불하게 된다. 어찌 하물며 제석천이나 범천이나 전륜왕의 과보이랴. 그러므로 지장이여, 중생들에게 널리 권하여 이와 같이 보시를 배우게 하여라.

二百劫中에 常爲六欲天主하여 畢竟成佛하고 永不墮惡道하여 乃至百千生中에 耳不聞苦聲이니라

復次 地藏이여 若未來世中에 有諸國王 及婆羅門等이 能作如是 布施하면 獲福無量하고 更能廻向하면 不問多少에 畢竟成佛이리 何況 釋梵轉輪之報랴 是故로 地藏이여 普勸衆生하여 當如是學라

제10품 교량보시공덕품 **161**

다시 지장이여, 미래 세상에 만일 불법 가운데에서 털끝이나 먼지만큼의 작은 선근을 심는 선남자 선여인이 있다면, 받는 복과 이익은 무엇에도 비유할 수가 없다.

또 지장이여, 미래 세상에 부처님의 형상이나 보살·벽지불·전륜성왕의 존상을 뵈옵고 보시 공양하는 선남자 선여인이 있다면, 한량없는 복을 얻으며 항상 인간이나 천상에 태어나 뛰어난 즐거움을 누리게 된다. 만일 그 공덕을 법계에 회향하면 이 사람의 복과 이익은 무엇에도 비유할 수가 없

<sub>부차</sub> <sub>지장</sub> <sub>미래세중</sub> <sub>약선남자선여인</sub> <sub>어불법중</sub> <sub>종소</sub>
復次 地藏이여 未來世中에 若善男子善女人이 於佛法中에 種少

<sub>선근</sub> <sub>모발사진허</sub> <sub>소수복리</sub> <sub>불가위유</sub>
善根하되 毛髮沙塵許하면 所受福利는 不可爲喩니라

<sub>부차</sub> <sub>지장</sub> <sub>미래세중</sub> <sub>약유선남자선여인</sub> <sub>우불형상</sub> <sub>보</sub>
復次 地藏이여 未來世中에 若有善男子善女人이 遇佛形像과 菩

<sub>살형상</sub> <sub>벽지불형상</sub> <sub>전륜왕형상</sub> <sub>보시공양</sub> <sub>득복무량</sub>
薩形像과 辟支佛形像과 轉輪王形像하고 布施供養하면 得福無量하고

<sub>상재인천</sub> <sub>수승묘락</sub> <sub>약능회향법계</sub> <sub>시인복리</sub> <sub>불가위</sub>
常在人天하여 受勝妙樂이니 若能廻向法界하면 是人福利는 不可爲

다.

　다시 지장이여, 만일 미래 세상에 대승경전을 한 게송이나 한 구절이라도 듣고 소중히 여기는 마음을 내어 찬탄하고 공경하고 보시하고 공양하는 선남자 선여인이 있다면, 이 사람은 한량없고 끝없는 큰 복을 얻게 되고, 만일 법계에 회향하게 되면 이 사람의 복은 무엇에도 비유할 수도 없다.

　또 지장이여, 만일 미래 세상에 새 붓다의 탑사나 대승경전을 만나면 보시하고 공양하고 우러러 예배하고 찬탄하며 공경 합

喩(유)니라

復次<sub>부차</sub> 地藏<sub>지장</sub>이여 未來世中<sub>미래세중</sub>에 若有善男子善女人<sub>약유선남자선여인</sub>이 遇大乘經典<sub>우대승경전</sub>이나

或聽聞一偈一句<sub>혹청문일게일구</sub>하고 發慇重心<sub>발은중심</sub>하여 讚歎恭敬<sub>찬탄공경</sub>하고 布施供養<sub>보시공양</sub>하면 是人<sub>시인</sub>은

獲大果報<sub>획대과보</sub> 無量無邊<sub>무량무변</sub>이니 若能廻向法界<sub>약능회향법계</sub>하면 其福不可爲喩<sub>기복불가위유</sub>니라

復次<sub>부차</sub> 地藏<sub>지장</sub>이여 若未來世中<sub>약미래세중</sub>에 有善男子善女人<sub>유선남자선여인</sub>이 遇佛塔寺<sub>우불탑사</sub>나 大<sub>대</sub>

제10품 교량보시공덕품　**163**

장하거나, 오래되어 헐고 무너진 것을 만나면 보수하고 관리하되 홀로 마음을 내거나 남에게 권하여 함께 마음을 내게 하는 선남자 선여인이 있다면, 이 사람들은 삼십 생동안 항상 작은 나라의 왕이 되며, 보시 인연을 맺어준 사람은 항상 전륜성왕이 되어 좋은 법으로 여러 작은 나라의 왕들을 교화하게 될 것이다.

다시 지장이여, 미래 세상에 만약 불법(문중)에 보시하고 공양하거나, 탑과 절을 보수하고 경전을 잘 엮어 관리하는 선근을

乘經典新者<sup>하여</sup> 布施供養<sup>하고</sup> 瞻禮讚歎<sup>하며</sup> 恭敬合掌<sup>이나</sup> 若遇故者

或毁壞者<sup>하여</sup> 修補營理<sup>하고</sup> 或獨發心<sup>하여</sup> 或勸他人<sup>하여</sup> 同共發心<sup>하면</sup> 如

是等輩<sup>는</sup> 三十生中<sup>에</sup> 常爲諸小國王<sup>하고</sup> 檀越之人<sup>은</sup> 常爲輪王<sup>하여</sup>

還以善法<sup>하여</sup> 敎化諸小國王<sup>이니라</sup>

復次 地藏<sup>이여</sup> 未來世中<sup>에</sup> 若有善男子善女人<sup>이</sup> 於佛法中<sup>에</sup> 所

심되, 이 선한 공덕을 털끝 하나·티끌 하나·모래 한 알·물 한 방울만큼이라도 법계에 회향하는 선남자 선여인이 있다면, 이 사람은 그 공덕으로 백천 생 동안 매우 뛰어난 즐거움을 받게 된다. 만일 공덕으로 자기 집안 가족에게만 회향하거나 자신의 이익을 위해서만 회향하게 되면, 과보는 삼생 동안만의 즐거움을 누리는 것으로 한정되나니, 이는 만에서 하나만을 얻는 것이 된다.

지장이여, 보시의 인연공덕이 이러하다."

種善根하되 或布施供養하고 或修補塔寺하고 或裝理經典하되 乃至 一毛一塵이나 一沙一滴하면 如是善事나 但能廻向法界하면 是人功德은 百千生中에 受上妙樂이니 如但廻向하되 自家眷屬 或自身利益하면 如是之果는 即三生樂이고 一得萬報니라 是故 地藏이여 布施因緣은 其事如是니라

## 제11품 견뢰지신이 호법을 서원하다

그때 견뢰지신이 부처님께 아뢰었습니다: "세존이시여, 제가 예로부터 한량없는 보살마하살을 우러러 뵙고 예배하였는데 모든 보살마하살이 불가사의한 신통력과 지혜로써 널리 중생을 제도하십니다. 그러나 지장보살마하살은 그 모든 보살들보다도 더 서원이 깊습니다.

세존이시여, 지장보살은 저 염부제와 큰 인연이 있습니다. 문수·보현·관음·미륵보살 또한 백천으로 형상을 나투어 육도의

○ 地神護法品 第十一

爾時에 堅牢地神이 白佛言하되 世尊하 我從昔來에 瞻仰頂禮無量 菩薩摩訶薩하니 皆是大不可思議 神通智慧로 廣度衆生이니 是地 藏菩薩摩訶薩은 於諸菩薩보다 誓願深重이니다 世尊하 是地藏菩薩은 於閻浮提에 有大因緣이니 如文殊 普賢

중생을 제도하지만 그 원은 끝이 있습니다. 그러나 지장보살은 육도의 일체 중생을 교화하시며 서원을 세운 겁의 수는 천백억 항하의 모래알 수와 같습니다.

세존이시여, 제가 살펴보건대, 살고 있는 곳 남쪽 정결한 땅에다 흙과 돌과 대나무와 나무로 집을 지어 거기에 지장보살의 형상을 그리거나 금·은·동·철 등으로 지장보살의 형상을 조성하여 모시고, 향을 사르며 공양하고 우러러 예배하고 찬탄하는 현재나 미래의 중생들은 사는 곳에서 열 가지

觀音 彌勒도 亦化百千身形하여 度於六道한 其願은 尙有畢竟이나 是地藏菩薩의 敎化六道의 一切衆生하고 所發誓願劫數는 如千百億恒河沙이니다

世尊하 我觀하니 未來及現在衆生이 於所住處 於南方淸潔之地는 以土石竹木으로 作其龕室하여 是中에 能塑畵되 乃至 金銀銅鐵로 作地

의 이익을 얻습니다. 어떠한 것이 열 가지 이오인가.

첫째는 농사짓는 땅에 풍년이 들고, 둘째는 집안이 언제나 편안하며, 셋째는 먼저 죽은 가족들이 천상에 나고, 넷째는 살아있는 가족들은 장수하며, 다섯째는 구하는 대로 이루어지고, 여섯째는 수재나 화재를 만나지 않으며, 일곱째는 재물의 헛된 손실이 없고, 여덟째는 나쁜 꿈이 없어지며, 아홉째는 출입할 때 신장들이 보호하고, 열째로는 성현들을 많이 만나게 됩니다.

藏形像한 燒香供養한고 瞻禮讚歎는 是人居處에서 卽得十種利益이니라 何等爲十오 一者는 土地豊壤하고 二者는 家宅永安하고 三者는 先亡 生天하고 四者는 現存益壽하고 五者는 求者遂意하고 六者는 無水火 災하고 七者는 虛耗辟除하고 八者는 杜絶惡夢하고 九者는 出入神護하고 十者는 多遇聖因이니다

세존이시여, 현재나 미래 세상의 중생이 만약 그들이 살고 있는 곳에서도 앞에서와 같이 공양을 올리면, 역시 이와 같은 이익을 얻게 됩니다."

견뢰지신이 다시 부처님께 아뢰었습니다: "세존이시여, 만일 미래 세상에 살고 있는 집에 이 경전과 보살의 형상을 모시고 경전을 독송하며 보살님께 공양을 올리는 선남자 선여인이 있으면, 제가 신통력을 다해 밤낮으로 이 사람을 보호하여 물·불·도적이나 크고 작은 횡액 등의 온갖 나쁜

世尊하 未來世中이나 及現在衆生이 若能於所住處方面에서 作如是 供養하면 得如是利益이니다

堅牢地神이 復白佛言하되 世尊하 未來世中에 若有善男子善女 人이 於所住處에서 見此經典이나 及菩薩像하고 是人이 更能轉讀經 典하고 供養菩薩하면 我常日夜에 以本神力으로 衛護是人하고 乃至水火

일들이 다 사라지게 하겠습니다."

부처님께서 견뢰지신에게 말씀하셨습니다: "견뢰여, 다른 모든 신통력은 그대의 대신통력에 미치지 못할 것이다. 무슨 까닭인가. 그대는 염부제의 토지를 모두 지키고 있는데, 풀·나무·모래·돌이나 한량없는 곡식·쌀·보배 등이 땅으로 인하여 있는 것이므로 이 모두는 다 그대의 힘을 입고 있는 것이다. 그리고 지장보살에게 공양하는 공덕에 대하여 그렇게 찬탄하니, 그대의 공덕과 신통력은 저 보통 지신들보다 백천

盜賊과 大橫小橫의 一切惡事ㅣ 悉皆消滅하리라
佛告地神하사되 堅牢여 汝大神力에 諸神少及이리라 何以故오 閻浮土地는 悉蒙汝護며 乃至 草木沙石 稻麻竹葦 穀米寶貝 從地而有는 皆因汝力이니라 又當稱揚地藏菩薩利益之事니 汝之功德及以神通은 百千倍於常分地神이니라

배가 되는 것이다.

만일 미래 세상에 지장보살에게 공양하고 이 경을 독송하되, 다만 지장보살본원경에 의지하여 단 한 가지 일이라도 행하는 선남자 선여인이 있으면, 그대는 마땅히 근본 신통력으로 그를 보호하여 온갖 재해와 뜻대로 되지 않는 일들은 귀에 들리지도 않게 하여라. 하물며 피해를 보게 하겠느냐. 또한 그대 혼자만이 이 사람을 보호하는 까닭이 아니라, 제석천과 범천의 권속들도 다 이 사람을 옹호한다. 어찌하여 이와 같은

若未來世中에 有善男子善女人이 供養菩薩하고 及轉讀是經호되 但
依地藏本願經하여 一事修行者면 汝以本神力으로 而擁護之하고 勿令
一切災害 及不如意事| 輒聞於耳하라 何況令受랴 非但汝獨護
是人故며 亦有釋梵眷屬과 諸天眷屬도 擁護是人하니 何故得如
是聖賢擁護인가 皆由瞻禮地藏形像하고 及轉讀是本願經故니 自然

성현들이 그 사람을 옹호하는가? 이는 다 지장보살의 존상에 예배하고 지장보살본원경을 독송한 까닭이다. 이 사람은 마침내 고해에서 벗어나 반드시 열반의 즐거움을 얻게 되므로 큰 옹호를 얻는 것이다."

<sub>필 경</sub> <sub>출 리 고 해</sub> <sub>증 열 반 락</sub> <sub>이 시 지 고</sub> <sub>득 대 옹 호</sub>
畢竟에 出離苦海하여 證涅槃樂하며 以是之故로 得大擁護니라

## 제12품 (지장보살을) 뵙고 듣는 이익

그때 세존께서 정수리와 미간백호로부터 백천만 억의 크고 훌륭한 광명을 놓으셨습니다. 그 광명은 백호상광, 대백호상광, 서호상광, 대서호상광, 옥호상광, 대옥호상광, 자호상광, 대자호상광, 청호상광, 대청호상광, 벽호상광, 대벽호상광, 홍호상광, 대홍호상광, 녹호상광, 대녹호상광, 금호상광, 대금호상광, 경운호상광, 대경운호상광, 천륜호광, 대천륜호광, 보륜호광, 대보륜호광, 일륜호광, 대일륜호광, 월륜호광,

○ 見聞利益品 第十二

爾時 世尊이 從頂門上하여 放百千萬億大毫相光하거늘 所謂 白毫相光 大白毫相光 瑞毫相光 大瑞毫相光 玉毫相光 大玉毫相光 紫毫相光 大紫毫相光 青毫相光 大青毫相光 碧毫相光 大碧毫相光 紅毫相光 大紅毫相光 綠毫相光 大綠毫相光 金毫

대월륜호광, 궁전호광, 대궁전호광, 해운호광, 대해운호광 등이었습니다.

(부처님께서) 정수리와 미간백호에서 이와 같은 광명을 놓으시고, 미묘한 음성으로 천·룡의 팔부신중, 사람과 사람이 아닌 것 등 대중에게 말씀하셨습니다:

"들으라. 여래가 오늘 도리천궁에서 지장보살이 인간과 천상을 이익되게 하는 불가사의한 일과 인연의 자리를 뛰어넘어 십지를 깨달아 아뇩다라삼먁삼보리에서 물러나지 않는 성스러운 일을 칭찬하고 찬탄하리

상광 대금호상광 경운호상광 대경운호상광 천륜호광 대천
相光 大金毫相光 慶雲毫相光 大慶雲毫相光 千輪毫光 大千
륜호광 보륜호광 대보륜호광 일륜호광 대일륜호광 월륜호
輪毫光 寶輪毫光 大寶輪毫光 日輪毫光 大日輪毫光 月輪毫
광 대월륜호광 궁전호광 대궁전호광 해운호광 대해운호광
光 大月輪毫光 宮殿毫光 大宮殿毫光 海雲毫光 大海雲毫光이라
어정문상 방여시등호상광이 출미묘음 고제대중 천룡
於頂門上에서 放如是等毫相光已하고 出微妙音하여 告諸大衆 天龍
팔부인비인등
八部人非人等하사되

다."

이 말씀을 하실 때 모임 가운데에 있던 관세음보살이 자리에서 일어나 무릎을 꿇고 합장하며 부처님께 아뢰었습니다:

"세존이시여, 이 지장보살마하살이 대자비로써 죄지어 고통 받는 중생들을 불쌍히 여겨 천만억 세계에서 천만억의 몸으로 나타내는 바로 그 공덕과 불가사의한 위신력을 저는 이미 들었습니다. 세존께서는 시방의 한량없는 모든 부처님과 더불어 한 목소리로 지장보살을 찬탄하시며 이르시기를,

聽<sub>하라</sub> 吾今日 於忉利天宮<sub>에서</sub> 稱揚讚歎地藏菩薩<sub>이</sub> 於人天中<sub>에</sub>
利益等事<sub>는</sub> 不思議事<sub>와</sub> 超聖因事 證十地事<sub>하여</sub> 畢竟不退阿耨
多羅三藐三菩提事<sub>라</sub>
說是語時<sub>에</sub> 會中<sub>에</sub> 有一菩薩摩訶薩<sub>이</sub> 名觀世音<sub>이라</sub> 從座而起<sub>하고</sub>
胡跪合掌<sub>하며</sub> 白佛言<sub>하되</sub>

'과거·현재·미래의 모든 부처님께서 그 공덕을 말씀하셔도 다 말씀하지 못한다'고 하셨습니다. 또한 앞서도 세존께서 대중들에게 지장보살이 갖춘 공덕 등에 대하여 찬탄을 아끼지 않으심을 보았습니다. 세존이시여, 현재와 미래의 모든 중생들을 위하여 지장보살의 불가사의한 공덕을 말씀하셔서 천·룡 등의 팔부신중들이 우러러 예배하고 복을 얻을 수 있게 하십시오."

부처님께서 관세음보살에게 말씀하셨습니다: "그대는 사바세계에 큰 인연이 있다.

世尊<sup>하</sup> 是地藏菩薩摩訶薩<sup>은</sup> 具大慈悲<sup>하여</sup> 憐愍罪苦衆生<sup>하고</sup> 於千萬億世界<sup>에</sup> 化千萬億身<sup>하여</sup> 所有功德 及不思議威神之力<sup>은</sup> 我已聞<sup>이니다</sup> 世尊<sup>은</sup> 與十方無量諸佛<sup>과</sup> 異口同音<sup>로</sup> 讚歎地藏菩薩<sup>이오</sup> 云何使過去 現在未來諸佛<sup>이</sup> 說其功德<sup>이나</sup> 猶不能盡<sup>이니까</sup> 向者<sup>에</sup> 又蒙世尊<sup>은</sup> 普告大衆<sup>하되</sup> 欲稱揚地藏利益等事<sup>니까</sup> 唯願世

만일 천·룡·남자·여자·신·귀신, 나아가 육도의 죄지어 고통 받는 중생들이 그대의 이름을 듣거나 그대의 형상을 보거나 그대를 생각하고 따르거나 그대를 찬탄하면, 이 모든 중생들은 위없이 높은 진리의 길에서 물러서지 않게 하고, 항상 인간이나 천상에 태어나 뛰어난 즐거움을 누리며, 인과를 점차 성숙하게 하여 마침내는 부처님을 만나 기별을 받을 것이다. 그대가 이제 대자비로 중생들과 천·용 등의 팔부신장을 불쌍히 여겨, 지장보살이 천상의 인간들에

尊하 爲現在未來一切衆生하여 稱揚地藏不思議事하사 令天龍八部ㅣ 瞻禮獲福하소서

佛告觀世音菩薩하되 汝於娑婆世界에 有大因緣이라 若天若龍이나 若男若女나 若神若鬼나 乃至 六道罪苦衆生이 聞汝名者하고 見汝形者하고 戀慕汝者하고 讚歎汝者면 是諸衆生은 悉於無上道에서 必

게 베푸는 헤아릴 수 없는 이익에 대해 듣고자 하는구나. 그대는 자세히 들어라. 내가 이제 그것을 설명하리라."

관세음보살이 "예, 세존이시여" 하며 기쁘게 듣고자 하였습니다.

부처님께서 관세음보살에게 말씀하셨습니다: "현재나 미래의 모든 세계 속에 천인들이 천상에서의 복이 다하여 다섯 가지 쇠퇴하는 모습〔五衰相〕이 나타나기 시작하여 장차 악도에 떨어지게 되었을 때, 그 천인들이 남자든 여자든 그런 모양이 나타날

不退轉이니 常生人天하여 具受妙樂하며 因果將熟하여 遇佛授記니라 汝今에 具大慈悲하여 憐愍衆生 及天龍八部하여 欲聽吾宣說地藏菩薩의 不思議利益之事니 汝當諦聽하라 吾今說之리라
觀世音言하되 唯然 世尊하 願樂欲聞이다
佛告觀世音菩薩하사되 未來現在諸世界中에 有天人이 受天福盡하고

때, 지장보살의 형상을 보거나 지장보살의 명호를 듣고 우러러 한 번만 절을 하여도 천상의 복이 더하여 큰 즐거움을 받게 되며 길이 삼악도에 떨어지지 않게 된다. 어찌 하물며 지장보살의 형상을 보거나 명호를 듣고 여러 가지 향·꽃·의복·음식·보배·영락 등을 보시하고 공양함에랴. 그들이 얻는 공덕과 복과 이익은 한량없고 가없다.

다시 관세음이여, 만약 현재와 미래의 모든 세계에 육도 중생이 목숨을 마치려 할 때 지장보살의 명호를 귓가에 한 번이라도

有五衰相現ᄒᆞ여 或有墮於惡道之者면 如是天人이 若男若女나 當現相時에 或見地藏菩薩形像이나 或聞地藏菩薩名ᄒᆞ고 一瞻一禮면 是諸天人은 轉增天福ᄒᆞ여 受大快樂ᄒᆞ고 永不歷三惡道報리 何況見聞菩薩ᄒᆞ고 以諸香華衣服飲食과 寶貝瓔珞으로 布施供養이랴 所獲功德福利는 無量無邊이니라

스쳐 듣게 되면, 이 모든 중생은 영원히 삼악도의 괴로움을 겪지 않게 된다. 어찌 하물며 임종하려 할 때 부모나 가족들이 목숨을 마치는 사람의 집과 재물과 보배와 의복 등을 팔아 지장보살의 형상을 조성하거나 그려 보게 함이랴.

만일 앓는 사람이 죽기 전에, 바른 길을 아는 가족들이 그를 위해 집과 보배 등을 팔아 지장보살의 형상을 조성하거나 그려 지장보살의 형상을 보거나 지장보살의 명호를 듣게 하면, 그 사람이 업보로 인해 중

부차 관세음 약미래현재제세계중 육도중생 임명종시
復次 觀世音이여 若未來現在諸世界中에 六道衆生이 臨命終時에
득문지장보살명 일성 역이근자 시제중생 영불력삼악
得聞地藏菩薩名하여 一聲이나 歷耳根者면 是諸衆生은 永不歷三惡
도고 하황임명종시 부모권속 장시명종인 사택재물
道苦니라 何況臨命終時에 父母眷屬이 將是命終人의 舍宅財物과
보패의복 소화지장형상
寶貝衣服을 塑畵地藏形像이라
혹사병인 미종지시 안이견문 지도권속 장사택보패등
或使病人이 未終之時에 眼耳見聞하며 知道眷屬이 將舍宅寶貝等하여

병을 받을지라도, 이 공덕에 힘입어 병이 곧 완쾌되고 수명도 더 길어질 것이다. 이 사람이 만일 업보로 목숨이 다하여 그동안의 죄업으로 마땅히 악도에 떨어져야 할 사람이라면, 이 공덕으로 죽은 뒤에 모든 죄와 업장이 소멸되어, 곧바로 인간이나 천상계에 태어나 뛰어난 즐거움을 누리게 될 것이다.

또 관세음보살이여, 만일 미래 세상에 젖을 먹을 때나 세 살·다섯 살·열 살이 못 되었을 때 부모를 잃었거나 형제자매와 이

爲其自身하고 塑畵地藏菩薩形像하면 是人이 若是業報로 合受重病者나 承斯功德하여 尋卽除愈하고 壽命增益이니라 是人이 若是業報命盡하고 應有一切罪障業障하여 合墮惡趣者면 承斯功德하여 命終之後에 卽生人天하고 受勝妙樂하며 一切罪障이 悉皆消滅하니라 復次 觀世音菩薩이여 若未來世에 有男子女人이 或乳哺時나 或

별한 남자나 여인이 있다면, 그 사람은 자라서 어른이 된 뒤에도 부모와 가족을 그리워하며 '(나의 부모와 형제는 나쁜 길에 떨어지지 않았을까) 어느 세계에 태어났을까, 어느 천상에 태어났을까?' 하고 생각하지만 알 수 없다.

만일 이 사람이 지장보살의 형상을 조성하거나 그려서 모시거나, 그 명호를 듣고 한 번 우러러 보고 한 번 절하기를 하루에서 이레에 이르도록 하되, 처음 일으킨 마음을 잃지 않고 명호를 부르고 형상을 보며

<sub>삼세오세</sub> <sub>십세이하</sub> <sub>망실부모</sub> <sub>내급망실형제자매</sub> <sub>시</sub>
三歲五歲나 十歲已下에 亡失父母한고 乃及亡失兄弟姉妹면 是
<sub>인</sub> <sub>년기장대</sub> <sub>사억부모</sub> <sub>급제권속</sub> <sub>부지락재하취</sub> <sub>생하</sub>
人은 年旣長大하여 思憶父母 及諸眷屬하되 不知落在何趣며 生何
<sub>세계</sub> <sub>생하천중</sub>
世界며 生何天中이라
<sub>시인</sub> <sub>약능소화지장보살형상</sub> <sub>내지문명</sub> <sub>일첨일례</sub> <sub>일일</sub>
是人이 若能塑畵地藏菩薩形像하고 乃至聞名하여 一瞻一禮하되 一日
<sub>지칠일</sub> <sub>막퇴초심</sub> <sub>문명견형</sub> <sub>첨례공양</sub> <sub>시인권속</sub> <sub>가인</sub>
至七日에 莫退初心하되 聞名見形하고 瞻禮供養하면 是人眷屬은 假因

우러러 예배하고 공양한다면, 이 사람의 가족들은 설령 스스로 지은 업으로 악도에 떨어져 여러 겁을 지내야 할지라도, 그 자녀나 형제 자매가 지장보살의 형상을 만들거나 그래서 우러러 예배한 공덕으로 곧 해탈을 얻어, 인간세상이나 하늘에 태어나 뛰어난 즐거움을 누리게 될 것이다. 만일 스스로 닦은 복의 힘에 의해 이미 인간세상이나 하늘에 태어나 뛰어난 즐거움을 누리는 이 사람의 가족들이라면, 이 공덕으로 성스러운 인연이 더욱 더하여 한량없는 즐거움을

業故<sub>로</sub> 墮惡趣者<sub>하여</sub> 計當劫數<sub>나</sub> 承斯男女兄弟姉妹<sub>l</sub> 塑畫地藏形像<sub>하고</sub> 瞻禮功德<sub>으로</sub> 尋卽解脫<sub>하</sub> 生人天中<sub>하여</sub> 受勝妙樂<sub>이니</sub> 是人<sub>의</sub> 眷屬<sub>은</sub> 如有福力<sub>하여</sub> 已生人天<sub>하고</sub> 受勝妙樂者<sub>는</sub> 卽承斯功德<sub>하고</sub> 轉增聖因<sub>하여</sub> 受無量樂<sub>이니라</sub>

누리게 될 것이다.

　이 사람이 다시 21일 동안 지극한 마음으로 지장보살의 형상에 우러러 예배하고 명호를 불러 만 번을 채우면, 지장보살이 가없는 몸을 나타내어 이 사람의 가족이 태어난 곳을 알려주거나, 꿈에 보살이 큰 신통력을 나타내어 친히 이 사람을 거느리고 여러 세계에 가서 가족들을 보여줄 것이다.

　또 날마다 지장보살을 생각하며 명호를 천 번씩 불러 천 일에 이르게 되면, 지장보살은 그 사람이 있는 곳의 토지신을 시켜

是人이 更能三七日中에 一心瞻禮하되 地藏菩薩形像하고 念其名字하되 滿於萬遍하면 當得菩薩이 現無邊身하여 具告是人眷屬生界언마 或於夢中에 菩薩이 現大神力하여 親領是人이 於諸世界에 見諸眷屬이니라

更能每日 念菩薩名 千遍하여 至于千日하면 是人은 當得菩薩이 遣

목숨이 마칠 때까지 그 사람을 보호한다. 그렇게 되면 금생에는 먹고 입는 것이 풍족해지며, 일체 질병과 고통이 없어지며 어떠한 횡액도 그 집 문안에 들지 못할 것이다. 어찌 하물며 그 사람의 몸에 미치겠는가. 이 사람은 마침내 지장보살의 마정수기를 얻게 될 것이다.

　다시 관세음보살이여, 만일 미래 세상에 넓고 큰 자비심을 내어 일체 중생을 제도하거나 위없는 깨달음을 이루어 삼계의 고통을 벗어나고자 하는 선남자 선여인이 있다

所在土地鬼神하여 終身衛護하고 現世에 衣食豊溢하며 無諸疾苦와 乃至橫事하여 不入其門이니 何況及身이랴 是人은 畢竟 得菩薩摩頂授記리라

復次 觀世音菩薩이여 若未來世에 有善男子善女人이 欲發廣大慈心하여 救度一切衆生者코 欲修無上菩提者코 欲出離三界者하면

면, 이 사람들이 지장보살의 형상을 보거나 명호를 듣고 향·꽃·의복·보배·음식 등을 공양하고 지극한 마음으로 우러러 예배하고 귀의하면, 이 선남자 선여인들은 소원이 속히 이루어지고 영원히 장애가 없게 된다.

또 관세음보살이여, 만일 미래 세상에, 백천만억의 여러 가지 소원과 백천만억의 여러 가지 일들을 현재와 미래의 세상에서 이루고자 하는 선남자 선여인이 있다면, 지장보살의 형상 앞에서 귀의하고 우러러 예

시제인등 견지장형상 급문명자 지심귀의 혹이향화의
是諸人等이 見地藏形像 及聞名者를 至心歸依하며 或以香華衣
복 보패음식 공양첨례 시선남녀등 소원속성 영무장
服과 寶貝飮食으로 供養瞻禮하면 是善男女等은 所願速成하고 永無障
애
碍니라

부차 관세음 약미래세 유선남자선여인 욕구현재미래
復次 觀世音이여 若未來世에 有善男子善女人이 欲求現在未來에
백천만억등원 백천만억등사 단당귀의첨례 공양찬탄지
百千萬億等願과 百千萬億等事면 但當歸依瞻禮 供養讚歎地

배하고 공양하고 찬탄해야 한다. 이렇게 하면 소원이나 구하는 것이 모두 성취될 것이다. 또한 지장보살이 큰 자비심으로 영원히 나를 보호하여 주기를 원하면, 이 사람은 꿈속에서 즉시 지장보살의 마정수기를 얻을 것이다.

다시 관세음보살이여, 만일 미래 세상에 선남자 선여인이 대승경전에 대하여 깊이 존중하는 마음과 지극한 믿음을 내어 읽고 외우고 밝은 스승을 만나 가르침을 잘 받아도 읽은 것을 금방 잊어버리고 시간이 지나

藏菩薩形象하라 如是하면 所願所求ㅣ 悉皆成就하리니 復願地藏菩薩이 具大慈悲로 永擁護我하면 是人은 於眠夢中에서 卽得菩薩이 摩頂授記니라

復次 觀世音菩薩이여 若未來世에 善男子善女人이 於大乘經典에 深生珍重하여 發不思議心하여 欲讀欲誦하고 縱遇明師하여 敎示令熟하나

독송하지도 못하면, 이 선남자 선여인은 묵은 업장이 아직도 소멸되지 않아 대승경전을 독송할 만한 성품이 없기 때문이다.

　이 사람은 지장보살의 명호를 듣거나 지장보살의 형상을 보고 지극한 마음으로 공경스럽게 그 사실을 아뢰고, 다시 향·꽃·의복·음식·장엄구 등으로 보살에게 공양함과 동시에 깨끗한 물 한 그릇을 지장보살 형상 앞에 올려 하룻낮하룻밤을 지내고 난 뒤에 합장하고 지장보살님께 물을 마시겠다고 청한 다음, 머리를 남쪽으로 향하게

旋讀旋忘<sub>하고</sub> 動經年月<sub>하여</sub> 不能讀誦<sub>하면</sub> 是善男女等<sub>은</sub> 有宿業障<sub>이</sub>
未得消除故<sub>로</sub> 於大乘經典<sub>에</sub> 無讀誦性<sub>이니라</sub>
如是之人<sub>은</sub> 聞地藏菩薩名<sub>하고</sub> 見地藏菩薩像<sub>하여</sub> 具以本心<sub>으로</sub> 恭敬
陳白<sub>하고</sub> 更以香華 衣服飮食 一切玩具<sub>로</sub> 供養菩薩<sub>하되</sub> 以淨水一
盞<sub>을</sub> 經一日一夜<sub>에</sub> 安菩薩前<sub>하고</sub> 然後<sub>에</sub> 合掌請服<sub>하고</sub> 廻首向南<sub>하여</sub>

하고 지극히 정성스런 마음으로 마셔라. 물을 마시고는 7일 또는 21일 동안 오신채와 술과 고기, 삿된 음행이나 망어나 살생을 삼가라. 이 선남자 선여인은 꿈에 지장보살이 가없는 몸을 나투어 이 사람 있는 곳에서 이 사람의 이마에 물을 부어 주시는 것을 보게 된다. 이 꿈을 깨고 나면 곧 총명을 얻나니, 경전을 읽어 한 번 귓가에 스치기만 하여도 곧 기억하며, 한 글귀·한 게송까지도 오랫동안 잊어버리지 않게 된다.

또 관세음보살이여, 만일 미래 세상에 옷

임입구시     지심정중     복수기필     신오신주육     사음망어
臨入口時에   至心鄭重하고 服水旣畢하되 愼五辛酒肉하고 邪淫妄語
급제살생     일칠일 혹삼칠일     시선남자선여인     어수몽중
及諸殺生하며 一七日 或三七日하라 是善男子善女人은 於睡夢中에
구견지장보살   현무변신     어시인처     수관정수     기인몽
具見地藏菩薩이 現無邊身하사 於是人處여 授灌頂水나라 其人夢
각   즉획총명     응시경전     일력이근     즉당영기     갱불망
覺에 卽獲聰明하고 應是經典하되 一歷耳根하면 卽當永記하고 更不忘
실    일구일게
失하되 一句一偈나라

과 음식이 부족하여 구하더라도 뜻대로 되지 않거나, 질병이 많거나, 흉하고 쇠함이 많아 집안이 불안하고 가족이 흩어지거나, 어긋나는 일이 많아 몸이 괴롭거나, 잠자는 사이에 무서운 꿈으로 많이 놀라는 등 이런 사람〔들이 있다면, 이와 같은 사람〕들은 모두 지장보살의 명호를 듣거나 형상을 보고 지극한 마음으로 공경하며 만 번을 염하여라. (그렇게 하면) 모든 좋지 않은 일들이 점점 사라지고 안락함을 얻어먹고 입을 것이 풍족해지고, 꿈속에서도 안락함을 얻을

復次 觀世音菩薩여 若未來世에 有諸人等이 衣食不足하고 求者
乖願하고 或多疾病하고 或多凶衰하여 家宅不安하고 眷屬分散하고 或諸橫
事하고 多來忤身하여 睡夢之間에 多有驚怖하면 如是人等은 聞地藏
名하고 見地藏形하며 至心恭敬하여 念滿萬遍하라 是諸不如意事ㅣ 漸漸
消滅하고 卽得安樂하며 衣食豊溢하고 乃至睡夢中에 悉皆安樂하니라

것이다.

다시 관세음보살이여, 만일 미래 세상에 집안 생계나 공적·사적으로나 나고 죽는 일이나 급한 일 때문에, 산이나 숲 속에 들어가고 강이나 바다와 같은 큰물을 건너거나 험한 길을 지나는 선남자 선여인[이 있다면, 이 사람]은 먼저 지장보살의 명호를 만 번 염해야 한다. (그가) 지나는 곳의 토지신이 그를 보호하여 가고 오고 앉고 눕는 모든 일이 언제나 편안하며, 호랑이·늑대·사자 등 사납고 독이 많은 온갖 짐승을

復次 觀世音菩薩이여 若未來世에 有善男子善女人이 或因治生하고 或因公私하고 或因生死나 或因急事하여 入山林中나 過渡河海나 乃及大水나 或經險道하면 是人은 先當念地藏菩薩名 萬遍하라 所過 土地鬼神衛護한 行住坐臥에 永保安樂하고 乃至逢於虎狼師子나 一切毒害라도 不能損之라

만나더라도 해를 입지 않게 될 것이다."

부처님께서 관세음보살에게 또 말씀하셨습니다: "이 지장보살은 염부제에 큰 인연이 있다. 만약 모든 중생들이 이 보살의 형상을 보고 명호를 들어 얻는 이익은 백천 겁 동안 말할지라도 다할 수 없다.

그러므로 관세음보살이여, 그대는 신통력으로 이 경전을 유포하여, 사바세계의 중생이 백천만 겁토록 길이 안락을 누리게 하여라."

그때 세존께서 게송으로 말씀하셨습니다:

佛告觀世音菩薩하사 是地藏菩薩은 於閻浮提에 有大因緣이니 若
說於諸衆生이 見聞利益等事를 百千劫中에 說不能盡이니라
是故로 觀世音이여 汝以神力으로 流布是經하여 令娑婆世界衆生이 百
千萬劫에 永受安樂하라
爾時에 世尊이 而說偈言하사되

내가 이제 지장보살 위신력을 관해 보니,
항하사겁 말하여도 다하기가 어렵구나

잠깐 동안 보고 듣고 공경하여 예배하면,
인간 천상 할 것 없이 이익됨이 한량없다

남자거나 여자거나 용이거나 신이거나,
쌓은 복이 다해지면 삼악도에 떨어지나

지장보살 위신력에 지심으로 귀의하면,
수명 늘고 모든 죄장 남김없이 사라지네

어린 시절 양친부모 여의게 된 사람이
부모님이 태어난 곳 어디인지 알 수 없고

오관지장위신력 항하사겁설난진
吾觀地藏威神力 恒河沙劫說難盡
견문첨례일념간 이익인천무량사
見聞瞻禮一念間 利益人天無量事
약남약녀약용신 보진응당타악도
若男若女若龍神 報盡應當墮惡道
지심귀의대사신 수명전증제죄장
至心歸依大士身 壽命轉增除罪障
소실부모은애자 미지혼신재하취
少失父母恩愛者 未知魂神在何趣

형제 자매 여러 친족 남김없이 흩어져서
다 자라난 이후에도 행방조차 모를 때에
지장보살 거룩한 상 그리거나 조성하여
지극정성 기울여서 쉬임없이 절을 하고
스무하루 보살명호 생각하고 부를지면,
지장보살 가없는 몸 그의 앞에 나투어서
가족들이 태어난 곳 고루고루 보여 주고
삼악도에 떨어진 자 모두모두 건져 주네
처음 마음 잃지 않고 끊임없이 정진하면
성스러운 마정수기 틀림없이 얻게 되리

형제자매급제친
兄弟姉妹及諸親
생장이래개불식
生長以來皆不識
혹소혹화대사신
或塑或畵大士身
비련첨례부잠사
悲戀瞻禮不暫捨
삼칠일중염기명
三七日中念其名
보살당현무변체
菩薩當現無邊體
시기권속소생계
示其眷屬所生界
종타악취심출리
縱墮惡趣尋出離
약능불퇴시초심
若能不退是初心
즉획마정수성기
卽獲摩頂受聖記

위없는 보리도를 닦으려 하는 이나
삼계 속의 모든 고통 벗어나기 원하오며

모름지기 이 사람은 대비심을 발하고서
지장보살 거룩한 몸 우선 먼저 첨례하라

여러 가지 모든 소원 하루 빨리 성취되고
모든 업장 남김없이 모두모두 사라지네

경전을 통달코자 마음을 내었거나
모든 중생 피안으로 제도하려 하는 이가

부사의한 거룩한 원 세웠다고 할지라도
읽고 읽어 또 읽어도 기억하지 못하는 건

욕수무상보리자　내지출리삼계고
欲修無上菩提者　乃至出離三界苦
시인기발대비심　선당첨례대사상
是人旣發大悲心　先當瞻禮大士像
일체제원속성취　영무업장능차지
一切諸願速成就　永無業障能遮止
유인발심염경전　욕도군미초피안
有人發心念經典　欲度群迷超彼岸
수립시원부사의　선독선망다폐실
雖立是願不思議　旋讀旋忘多廢失

지난 세상 이 사람의 묵은 업장 장애되어
거룩하온 대승경전 능히 외지 못함이니

향과 꽃과 옷과 음식 여러 가지 공양구로
지극정성 기울여서 지장대성 공양하고

깨끗한 물 한 그릇을 보살님께 올리고서
하룻낮하룻밤을 지난 뒤에 마신 다음

오신채를 삼가는 등 깊은 믿음 일으켜서
술과 고기 삿된 음행 망어 등은 물론이요

살생 또한 하지 않고 스무하루 지내면서
지장보살 그 명호를 지성으로 염한다면

<small>사 인 유 업 장 혹 고　　어 대 승 경 불 능 기</small>
斯人有業障惑故　於大乘經不能記
<small>이 향 화 의 복 음 식　　제 완 구 공 양 지 장</small>
以香華衣服飮食　諸玩具供養地藏
<small>이 정 수 안 대 사 전　　일 일 일 야 구 복 지</small>
以淨水安大士前　一日一夜求服之
<small>발 은 중 심 신 오 신　　주 육 사 음 급 망 어</small>
發慇重心愼五辛　酒肉邪淫及妄語
<small>삼 칠 일 내 물 살 생　　지 심 사 념 대 사 명</small>
三七日內勿殺生　至心思念大士名

꿈속에서 가이없는 대보살을 보게 되고
깨어나면 눈과 귀가 모두모두 밝아져서

대승경전 읽는 소리 귓전에만 스쳐가도
천만 생을 두고두고 길이길이 기억하리

이 모두가 지장보살 부사의한 신력으로
그들에게 총명 지혜 내려주기 때문일세

가난하고 병이 많아 고생하는 중생이나
집안 또한 몰락하여 가족 모두 흩어지며

잠을 자면 꿈자리가 불안하기 그지없고
구하는것 못구하고 뜻하는 일 못 이룰 때

즉 어 몽 중 견 무 변　각 래 변 득 이 안 이
卽於夢中見無邊　覺來便得利眼耳
응 시 경 교 역 이 문　천 만 생 중 영 불 망
應是經敎歷耳聞　千萬生中永不忘
이 시 대 사 부 사 의　능 사 사 인 획 차 혜
以是大士不思議　能使斯人獲此慧
빈 궁 중 생 급 질 병　가 택 흉 쇠 리 권 속
貧窮衆生及疾病　家宅凶衰離眷屬
수 몽 지 중 실 불 안　구 자 괴 위 무 칭 수
睡夢之中悉不安　求者乖違無稱遂

지장보살 존상 앞에 지성 다해 절을 하면
세상살이 그 속에서 나쁜 일 다 없어지고
잠 잘 때나 꿈에서도 편안함을 얻게 되며
옷과 음식 풍족하고 착한 신이 보호하네
어쩌다가 험한 산과 험한 바다 지나갈 때
독기 품은 짐승이나 나쁜 사람 비롯하여
나쁜 신과 나쁜 귀신 여러 가지 악풍으로
온갖 고통 온갖 고난 가득하다 할지라도
거룩하온 지장보살 존상 앞에 이르러서
일심으로 예배하고 지성으로 공양하면

지심첨례지장상 일체악사개소멸
至心瞻禮地藏像 一切惡事皆消滅
지어몽중진득안 의식풍요귀신호
至於夢中盡得安 衣食豊饒鬼神護
욕입산림급도해 독악금수급악인
欲入山林及渡海 毒惡禽獸及惡人
악신악귀병악풍 일체제난제고뇌
惡神惡鬼幷惡風 一切諸難諸苦惱
단당첨례급공양 지장보살대사상
但當瞻禮及供養 地藏菩薩大士像

모든 산과 바다 속에 가득하던 재난들이
모두모두 소멸되어 평온함을 얻는다네
관음이여 지심으로 나의 말을 들을지니,
지장보살 위신력은 끝이 없고 부사의라
백천만 겁 다하여도 공덕 모두 말 못하리,
지장보살 위신력을 그대 널리 알릴지라
지장보살 그 이름을 어떤 이가 혹 듣고서
거룩하온 형상 앞에 지성 다해 절을 하고
향과 꽃과 의복들과 음식 갖춰 공양하면
백천 생에 그지없는 즐거움을 누리리라

여시산림대해중 응시제악개소멸
如是山林大海中 應是諸惡皆消滅
관음지심청오설 지장무진부사의
觀音至心聽吾說 地藏無盡不思議
백천만겁설부주 광선대사여시력
百千萬劫說不周 廣宣大士如是力
지장명자인약문 내지견상첨례자
地藏名字人若聞 乃至見像瞻禮者
향화의복음식봉 공양백천수묘락
香華衣服飲食奉 供養百千受妙樂

만약 이 공덕을 온 법계에 회향하면
마침내는 붓다되어 생사를 벗어나리

그러므로 관음이여 이러한 법 잘 알아서
항하사수 저 국토에 널리 일러줄지니라.

약능이차회법계 필경성불초생사
若能以此廻法界 畢竟成佛超生死
시고관음여당지 보고항사제국토
是故觀音汝當知 普告恒沙諸國土

## 제13품 사람과 천인을 부촉하시다

그때 세존께서 금빛 팔을 드시어 지장보살마하살의 이마를 어루만지며 이렇게 말씀하셨습니다: "지장이여, 지장이여. 그대의 신력은 불가사의하다. 그대의 자비는 불가사의하다. 그대의 지혜는 불가사의하다. 그대의 변재는 불가사의하다. 시방의 모든 부처님이 천만 겁 동안 그대의 그 불가사의한 공덕을 찬탄할지라도 다 말할 수 없을 것이다.

지장이여, 지장보살이여, 내가 오늘 백천

○囑累人天品 第十三

爾時에 世尊이 擧金色臂하고 又摩地藏菩薩摩訶薩頂하며 而作是言하사되 地藏 地藏이여 汝之神力은 不可思議며 汝之慈悲는 不可思議며 汝之智慧는 不可思議며 汝之辯才는 不可思議로다 正使十方 諸佛이 讚歎宣說하되 汝之不可思議事는 千萬劫中에 不能得盡이니라

만억의 모든 불·보살과 천·용 팔부중이 모인 이 도리천궁의 큰 법회에서, 불타는 집과 같은 삼계에서 나오지 못한 인간과 천상의 모든 중생들을 또다시 그대에게 부촉하는 것을 기억하여, 모든 중생들을 하룻낮 하룻밤이라도 악도에 떨어지지 않게 하라. (그런데) 어찌 하물며 오무간지옥과 아비지옥에 떨어져 천만억 겁이 지나도 나올 기약이 없게 하겠는가.

지장보살이여, 이 남염부제 중생들은 근기와 성품이 약하여 좋지 못한 짓을 익히는

地藏 地藏하여 記한라 吾今日에 在忉利天中 於百千萬億不可說 不可說 一切諸佛菩薩과 天龍八部 大會之中에서 再以人天諸衆生 等과 未出三界 在火宅中者를 付囑於汝노니 無令是諸衆生이 墮惡趣中에 一日一夜하라 何況更落五無間 及阿鼻地獄하여 動經千萬億劫인 無有出期랴

자가 많고, 비록 선한 마음을 내어도 곧 사라진다. 만일 나쁜 인연을 만나면 순간순간 악이 더 늘어나니 이러한 까닭으로 나는 이 몸을 백천억으로 나투어 근기와 성품에 따라 그들을 교화하고 제도하여 해탈시키는 것이다.

지장보살이여, 내가 이제 간절히 인간과 천상의 무리들을 그대에게 부촉한다. 만일 미래 세상에 불법 가운데에서 털끝 하나·티끌 하나·모래 한 알·물 한 방울 만한 작은 선근이라도 심는 천상과 인간세상의

地藏<sup>이여</sup> 是南閻浮提衆生<sup>은</sup> 志性無定<sup>하</sup> 習惡者多<sup>하고</sup> 縱發善心<sup>이나</sup>
須臾卽退<sup>니라</sup> 若遇惡緣<sup>하면</sup> 念念增長<sup>이니</sup> 以是之故<sup>로</sup> 吾分是形<sup>하</sup> 百
千億化度<sup>하고</sup> 隨其根性<sup>하여</sup> 而度脫之<sup>니라</sup>
地藏<sup>이여</sup> 吾今<sup>에</sup> 慇懃 以天人衆 付囑於汝<sup>노니</sup> 未來之世<sup>에</sup> 若有天
人及善男子善女人<sup>이</sup> 於佛法中<sup>에</sup> 種少善根<sup>하되</sup> 一毛 一塵 一沙

선남자 선여인이 있으면, 그대는 도력으로 그 사람들을 보호하여 물러섬이 없이 위없는 도를 닦게 하라.

다시 지장이여, 만일 미래 세상에 천인이나 인간이나 업보에 따라 악도에 떨어지는 자가 있거든, 그가 떨어지는 곳에서부터 지옥문에 이르는 동안, 이들이 만일 한 부처님 한 보살의 명호나 대승경전의 한 구절·한 게송만이라도 외운다면, 이 모든 중생들을 그대의 신통력과 방편으로 이들을 구출하여 고통에서 벗어나게 하되, 그 사람이

一渾하면 汝以道力을 擁護是人하고 漸修無上하여 勿令退失하라
復次 地藏여 未來世中에 若天若人이 隨業報應하여 落在惡趣하
臨墮趣中이나 或至門首하면 是諸衆生이 若能念得一佛名이나 一菩薩
名하되 一句一偈나 大乘經典하면 是諸衆生은 汝以神力하여 方便救
拔하고 於是人所에 現無邊身하여 爲碎地獄하고 遣令生天하여 受勝妙

있는 곳에 가없는 몸을 나타내어 지옥을 부수고, 하늘에 태어나 즐거움을 받을 수 있게 하여라."

그때 세존께서 게송으로 말씀하셨습니다:

현재와 미래세의 모든 중생을
내 이제 그대에게 부촉하노니
그대는 큰 신통과 큰 방편으로
악도에 떨어지지 않게 하여라

이때 지장보살마하살이 무릎을 꿇어 합장하고 부처님께 아뢰었습니다:

樂<sup>락</sup><sub>하라</sub>

爾時<sub>에</sub> 世尊<sub>이</sub> 而說偈言<sub>하사되</sub>

現在未來天人衆 吾今慇懃付囑汝

以大神通方便度 勿令墮在諸惡趣

爾時<sub>에</sub> 地藏菩薩摩訶薩<sub>이</sub> 胡跪合掌<sub>하고</sub> 白佛言<sub>하되</sub>

"세존이시여, 염려하지 마십시오. 만일 미래 세상에 불법에 대해 한 생각의 공경심만 일으키는 선남자 선여인이 있으면, 저는 백천 가지 방편으로 그 사람을 제도하여 속히 나고 죽는 생사의 고통에서 벗어나게 할 것입니다. 어찌 하물며 여러 가지 선한 일을 듣고 순간순간 닦는 사람이겠습니까. (이 사람은) 자연히 위없는 깨달음에서 영원히 물러서지 않게 될 것입니다."

이 말씀을 할 때 모임에 참석하였던 허공장보살이 부처님께 아뢰었습니다:

世尊하 唯願世尊하 不以爲慮소서 未來世中에 若有善男子善女人이 於佛法中에 一念恭敬하면 我亦百千方便으로 度脫是人하여 於生死中에서 速得解脫하리라 何況聞諸善事하고 念念修行이리까 自然於無上道하여 永不退轉이니라

說是語時에 會中에 有一菩薩이 名虛空藏이라 白佛言하되

"세존이시여, 저는 이 도리천에 이르러 부처님께서 지장보살의 불가사의한 위신력을 찬탄하시는 것을 잘 들었습니다. 미래 세상에 이 경전과 지장보살의 명호를 듣거나 또는 지장보살의 형상을 우러러 예배하는 선남자 선여인과 천·룡 등이 있다면, 몇 가지의 복과 이익을 얻게 됩니까? 세존이시여, 현재와 미래의 모든 중생을 위하여 간략히 말씀하여 주십시오."

부처님께서 허공장보살에게 말씀하셨습니다:

世尊<sup>하</sup> 我自至忉利<sup>하여</sup> 聞於如來讚歎地藏菩薩威神勢力 不可思議<sup>니</sup> 未來世中<sup>에</sup> 若有善男子善女人 乃及一切天 龍<sup>이</sup> 聞此經典 及地藏名字<sup>하고</sup> 或瞻禮形像<sup>하면</sup> 得幾種福利<sup>리까</sup> 唯願世尊<sup>하</sup> 爲未來現在一切衆等<sup>하여</sup> 略而說之<sup>소서</sup>

佛告虛空藏菩薩<sup>하사되</sup>

"여래가 그대를 위하여 분별하여 설명할 것이니, 자세히 듣고 자세히 들어라. 만일 미래 세상에 지장보살의 형상을 보거나 이 경을 듣거나 독송하고, 향·꽃·음식·의복·보배 등을 보시하고 공양하며 찬탄하고 우러러 예배하는 선남자 선여인이 있다면, 스물여덟 가지 이익을 얻을 것이다.

첫째 천인과 용이 항상 지켜주고, 둘째 좋은 과보가 나날이 더해지며, 셋째 성인들과 좋은 인연을 맺으며, 넷째 보리심에서 물러서지 않으며, 다섯째 먹고 입을 것이

제청제청 오당위여 분별설지 약미래세 유선남자선여
諦聽諦聽하라 吾當爲汝하여 分別說之리다 若未來世에 有善男子善女
인 견지장형상 급문차경내지독송 향화음식 의복진보
人이 見地藏形像 及聞此經乃至讀誦하고 香華飮食 衣服珍寶
보시공양 찬탄첨례 득이십팔종이익
布施供養하고 讚歎瞻禮하면 得二十八種利益이니
일자 천룡호념 이자 선과일증 삼자 집성상인 사
一者는 天龍護念하고 二者는 善果日增하고 三者는 集聖上因하고 四
자 보리불퇴 오자 의식풍족 육자 질역불임 칠자
者는 菩提不退하고 五者는 衣食豊足하고 六者는 疾疫不臨하고 七者는

풍족해지며, 여섯째 질병이 침범하지 않으며, 일곱째 수재나 화재를 만나지 않으며, 여덟째 도둑으로 인한 재앙이 없으며, 아홉째 사람들로부터 존경을 받으며, 열째로 귀신이 돕고 지켜주느니, 열한째 여자는 내생에 남자가 될 수 있고, 열두째 여자라면 훌륭한 가문에 태어나며, 열셋째 용모가 단정하고 빼어나며, 열넷째 여러 생 동안 천상에 태어나며, 열다섯째 때로는 제왕이 되기도 하고, 열여섯째 전생 내생이 일을 알게 되며, 열일곱째 구하는 대로 이루게 되며,

離水火災<sup>하</sup>고 八者<sup>는</sup> 無盜賊厄<sup>하</sup>고 九者<sup>는</sup> 人見欽敬<sup>하</sup>고 十者<sup>는</sup> 鬼神助持<sup>하</sup>고 十一者<sup>는</sup> 女轉男身<sup>하</sup>고 十二者<sup>는</sup> 爲王臣女<sup>하</sup>고 十三者<sup>는</sup> 端正相好<sup>하</sup>고 十四者<sup>는</sup> 多生天上<sup>하</sup>고 十五者<sup>는</sup> 或爲帝王<sup>하</sup>고 十六者<sup>는</sup> 宿智命通<sup>하</sup>고 十七者<sup>는</sup> 有求皆從<sup>하</sup>고 十八者<sup>는</sup> 眷屬歡樂<sup>하</sup>고 十九者<sup>는</sup> 諸橫消滅<sup>하</sup>고 二十者<sup>는</sup> 業道永除<sup>하</sup>고 二十一者<sup>는</sup> 去處盡通<sup>하</sup>고

열여덟째 가족 친척들이 모두 화목하며, 열아홉째 뜻밖의 재앙이 모두 소멸되며, 스무번째 나쁜 업의 길이 영원히 없어지고, 스물한번째 가는 곳마다 막힘이 없으며, 스물두번째 밤에는 꿈이 안락하고, 스물세번째 선망 조상들이 괴로움에서 벗어나고, 스물네번째 다시 태어날 때 복을 받아 태어나며, 스물다섯번째 모든 성현이 찬탄을 하며, 스물여섯번째 총명하고 근기가 빼어나게 되며, 스물일곱번째 자비심이 더욱 풍부해지고, 스물여덟번째 마침내는 붓다를 이

二十二者는 夜夢安樂하고 二十三者는 先亡離苦하고 二十四者는 宿福受生하고 二十五者는 諸聖讚歎하고 二十六者는 聰明利根하고 二十七者는 饒慈愍心하고 二十八者는 畢竟成佛하리라

루게 된다.

　다시 허공장보살이여, 또한 현재와 미래에 천·룡 귀신 등이 지장보살의 명호를 듣거나 지장보살의 형상에 예배하거나, 지장보살의 본원에 대한 이야기를 듣고 수행하고 찬탄하며 우러러 예배한다면 다음의 일곱 가지의 이익을 얻게 된다.

　첫째 속히 성현의 지위에 오르고, 둘째 악업이 소멸되며, 셋째 모든 부처님이 지켜주며, 넷째 깨달음의 길에서 물러서지 않으며, 다섯째 본원력이 더욱 커지며, 여섯째

復次 虛空藏菩薩이여 若現在未來의 天龍鬼神이 聞地藏菩薩名號하고 禮地藏菩薩形像하고 或聞地藏菩薩의 本願等事하여 修行讚歎 瞻禮하면 得七種利益하나니라

一者는 速超聖地하고 二者는 惡業消滅하고 三者는 諸佛護臨하고 四者는 菩提不退하고 五者는 增長本力하고 六者는 宿命皆通하고 七者는

숙명을 다 통하며, 일곱째 마침내는 붓다를 이루게 된다."

　그때 시방세계 여러 곳에서 오신 말할 수도 없이 많은 모든 부처님과 대보살과 천·용 등의 팔부신중이 석가모니부처님께서 지장보살이 불가사의한 큰 위신력을 높이 높이 찬탄하시는 것을 듣고, 일찍이 없었던 일이라며 감탄하였습니다.

　이때 도리천으로 한량없는 향과 꽃과 하늘옷과 보배구슬이 비오듯 내려 석가모니부처님과 지장보살께 공양을 마치자, 법회

필경성불
畢竟成佛하리라

이시　　시방　일체제여래　불가설불가설　일체제불　급대보살
爾時에 十方 一切諸如來 不可說不可說 一切諸佛 及大菩薩

천룡팔부　　문석가모니불　　칭양찬탄　지장보살대위신력　불
天龍八部) 聞釋迦牟尼佛의 稱揚讚歎 地藏菩薩大威神力 不

가사의　　탄미증유
可思議함 歎未曾有라

시시　　도리천 우무량향화　　천의주영　공양석가모니불　급
是時에 忉利天 雨無量香華와 天衣珠瓔하여 供養釋迦牟尼佛 及

에 모였던 일체 대중들이 다함께 다시 우러러 예경하고 합장하며 물러갔습니다.

이것으로 지장보살본원경이 완성되었습니다.

<u>地藏菩薩</u>已니 <u>一切衆會</u>ㅣ <u>俱復瞻禮</u>한<u>合掌而退</u>하더이다
지장보살이  일체중회  구부첨례  합장이퇴

<u>地藏菩薩本願經終</u>이옵이다
지장보살본원경종

※ 지장기도를 더하고자 할 때는 정근 또는 츰부다라니를 염송하고 멸정업진언과 탄백을 한후 축원을 올린다.

○ 지장정근문
地藏精勤文

나무 남방화주 대원본존 지장보살 ~
南無 南方化主 大願本尊 地藏菩薩

지장보살멸정업진언 '옴 바라 마리다리 스바하'
地藏菩薩滅定業眞言

○ 지장보살탄백문
地藏菩薩歎白文

지장보살위신력 항하사겁설난진
地藏菩薩威神力 恒河沙劫說難盡

견문첨례일념간 이익인천무량사
見聞瞻禮一念間 利益人天無量事

○ 축원
祝願

경전을 읽고 염불한 공덕을 법계에 회향하여, 그 공덕과 지장보살님의 대원력에 의지하여 선망부모 조상 영가와 법계 고혼영가들이 왕생극락하기를 발원하고, 아울러 발원제자와 가족의 건강과 소원성취를 축원하며, 여법한 지장기도 축원이 될 것이다.

## 지장보살 츰부다라니

　츰부츰부 츰츰부 아가서츰부 바 결랍츰부 암벌람츰부 비러츰부 발절랍츰부 아루가츰부 답뭐츰부 설담뭐츰부 살더일허머츰부 비바루가찰붜츰부 우붜섬뭐츰부 내여나츰부 뷜랄여삼므지랄나츰부 찰라츰부 비실바리여츰부 서살더랄바츰부 비여자수재맘히리담미 섬미 잡결랍시 잡결랍뭐스리 치리 시리 결랄붜뷜러 발날지 히리 벌날비 뷜랄저러니달니 헐날달니 붜러 져져져져 히리 미리 이결타 탑기 탑규루 탈리 탈리 미리 뭐대더대 구리 미리 앙규지더비 얼리 기리 붜러 기리 규차섬뭐리 징기 둔기 둔규리 후루 후루 후루 규루술두미리 미리기 미리대 뷘자더 허러히리 후루 후루루 〈지장십륜경 서품〉

# 지장경전 해설

주 명 철

## 1. 지장신앙이란?

우리가 성불을 이루기 위해서는 우선 지혜의 개발이 필요하지만, 중생을 구제하기 위한 자비행 또한 소홀히 할 수 없다. 그것은 불교를 이루는 두 기둥이 지혜와 자비로 되어 있기 때문이다.

특히 대승불교에서 보살의 출현은 중생구제를 위한 자비행을 철저히 하기 위해서라 할 수 있다. 문수보살이 일체의 지혜를 다 갖추고 태어나 그 총명스러운 지혜로서 모든 중생을 해 밝게 하는가 하면, 보현보살은 일체의 행원으로서 고통에 시달리는 중생을 구원하고, 관음보살은 대자대비로서 중생의 병고를 치유하는 것이 그 예다. 그런데 대승불교가 발전함에 따라 다시 보살에서 '성문비구'의 출현이란 새로운 면모가 나타난다. 이는 자비행을 더욱 철저하게 행하기 위하여 스스로 불신을 낮추어 가는 것이라 할 수 있는데, 그것의 주인공이 바로 지장보살이다.

지장보살은 일체의 자비스런 원[悲願]을 내세워 부처가 존재하지 않는 시대의 구원을 성취하고자 한 분이다. 그런 지장보살은 특별히 망자(亡者)의 고뇌를 구제한다고 하는데, 이는 망자의 입장에서가 아닌 살아 남은 고뇌하는 중생에 의하여 망자의 고뇌를 구제하는 것이다. 인생은 고뇌에 가득 차 있다고 하지만 민중생활의 고뇌야말로 고뇌의 극에 달한 것이라 할 수 있는 것이다. 그리하여 고뇌의 생애를 살다 간 민중에 대해 살아 남은 고뇌의 민중들이 그 사자의 고뇌를 덜어주겠다는 것이 바로 지장신앙(地藏信仰)이다. 바로 명부(冥府)의 길이 환하게 열리고 죽은 자[亡者]가 극락에 왕생하는 신앙이 그것이다.

## 2. 지장신앙의 발생과 경전

지장은 산스끄리뜨어로 Kṣiti-garbha라 한다. Kṣiti는 '대지·주처(住處)'란 의미이다. 즉 땅이다. 우리가 살고 있는 공간을 의미하며, 산하대지이며, 자연공간이다. 그러므로 이 대지는 중생이 마음놓고 삶을 영위하는 곳이다. 또 garbha란 '모태'·'자궁'을 의미한다. 따라서 지장의 뜻은 '대지의 모태' 나아가 '대지의 보고(寶庫)'라는 뜻이 될 수 있을 것이다.

고대 인도신화에는 하늘을 관장하는 신이 있었고, 반대로 대지를 관장·보호하는 신도 있었다. 지장의 원래 모습은 후자인 만물을 성장하게 하는 대지의 신에서 비롯되었다고 볼 수 있다. 이 신은 본래 지모신(地母神)으로서 질병을 퇴치하고 원적(怨敵)을 항복 받는 여신이었으나 시간이 지나면서 남신형태로 변모하였다. 이를 대승불교에서 수용한 것이다.

이와 같이 인간의 거주처인 대지의 신이었던 지장은 여타 보살보다 더욱더 토속적인 것과 결합하기 쉬웠을 것이다. 따라서 자신을 불살라 만물을 성장하게 한다는 민중적 성격을 강하게 지니게 된 지장보살은 대지의 신과 같이 우리가 살고 있는 대지의 온 중생을 구제하려 한 것이다.

이러한 지장보살은 부처님으로부터 석가모니불이 입멸하신 뒤에 미래에 미륵불이 출현하실 때까지의 부처님이 없는 시대에 오탁악세에서 번뇌와 죄업으로 고통 받는 사람들을 제도하여 해탈케 하는 일을 부촉받은 보살이다. 바로 현재의 보살인 것이다. 그래서 지장보살은 육도에서 윤회하는 중생, 특히 육도 가운데서도 가장 혹심한 고통을 받는 지옥중생까지도 남김없이 모두 제도하려는 원력을 언제나 어디서나 행하고 계신다. 지장보살은 자비 구제 그 자체이다. 이것이 지장본원(地藏本願)의 특색이다.

이와 같은 지장보살의 사상을 주로 설하고 있는 경전을 대장경 속에서 찾아보면 3종을 들 수 있다. 『대방광십륜경(大方光十輪經)』(8권, 역자 미상), 『대승대집지장십륜경(大乘大集地藏十輪經)』(10권, 현장 역), 『지장보살본원경(地藏菩薩本願經)』(2권, 실차난타 역)이다. 이외에도 지장신앙과 관련된 밀교계통의 경전이 여럿 있다.

그중에서 지장신앙의 중심경전은 『대승대집지장십륜경』과 『지장보살본원경』이다. 전자는 지장의 이익이 밝혀져 있으며, 후자에는 이에 더하여 지장보살의 서원과 이익을 밝히고, 그리고 또 경전 그 자체의 불가사의한 이익을 강조하여, 그 일구일게를 독송, 청문하면 무량한 죄업을 소멸할 수 있다는 내용을 첨가하고 있다. 이 두 경전에는 지장보살의 사상과 그 원력이 주로 설해져 있다.

예로부터 이 경전들을 의지하여 오탁악세에서 제도하기 어려운 중생 그리고 가장 괴로운 곳에서 고통 받는 중생들을 남김 없이 교화하여 제도하려는 대비원(大悲願)을 본원력으로 삼고 있는 것이 지장신앙의 주요점이다.

## A. 지장보살본원경의 내용

『지장보살본원경』은 경의 이름이 보여 주듯 지장보살의 구제중생의 서원이 주요점이다. 부처님께서 어머니를 구제하기 위해 도리천에 올라가 설한 경전인데, 업을 지은 중생들이 고통 받는 모습을 지옥의 실상으로 나타내 보이고, 그들을 구제하는 방법을 여러 가지 측면에서 조명해 보인 경이다. 총 13품으로 구성되어 있다. 각 품의 내용을 간략히 간추려 본다.

첫번째, 도리천궁신통품(忉利天宮神通品)은, 어느 때 부처님께서 어머니를 제도코자 도리천에 올라가시니, 시방세계에 헤아릴 수 없이 많은 불보살들이 오탁악세에서 많은 중생들을 구제하시는 부처님을 칭찬하고 그의 제자들을 보내서 문안하도록 한다. 이에 부처님께서는 신통력으로 미소를 띠며 대원만광명의 구름 등의 헤아릴 수 없는 광명의 구름들을 나타내셨다.

이때 4천왕천, 도리천 등의 하늘·지상신들이 모인 자리에서, 석가모니불께서 지장보살은 허공으로 입을 삼고 벽력같은 입으로 티끌 같은 세월을 칭찬한다 하더라도, 털끝하나도 다 칭찬할 수 없다고 크게 칭찬하신다.

이어 부처님과 문수사리와의 대화가 이어진다. 문수사리가 지장보살의 전생인연과 행업에 대하여 부처님께 묻는다. 이에 부처님께서는 지장보살이 10지과를 얻은 이래로 그 공덕은 다 말할 수 없다고 하시고, 만일 어떤 사람이 지장보살의 이름을 듣고 찬탄 예배하고 이름을 부르고 공양하거나 내지 지장보살의 모습을 그리거나 조각하여 모시면 백번 33천에 태어나되 다시는 악도에 타락하지 않을 것이라고 하신다.

이어 지장보살의 전생이야기가 계속되는데 옛날 옛적 지장보살이 큰 장자의 아들로 태어난 이야기와 바라문여인으로 태어나 3보를 비방하고 인과를 믿지 않아 무간지옥에 떨어진 어머니의 구제하는 이야기로 전개되고 있다. 바라문여인은 곧 정자재왕여래부처님께 나아가 "미래겁이 다하도록 고통중생을 다 건지기 전에는 성불하지 않겠다" 하며 지옥중생을 다 구제하기 전에는 성불하지 않겠다는 서원이 나온다. 이것이 지장보살의 전생이야기며 그의 서원이다.

두번째, 분신집회품(分身集會品)에서는 시방세계에서 고통중생을 구제하고 있는 남자, 여자, 천, 귀신, 산림, 용, 천원(川源), 하지천정(河池泉井)과 혹은 제석, 범왕, 전륜왕 등의 지장보살의 분신들이 부처님의 가피를 입어 법회에 동참한다. 지장보살은 석가부처님께서 제도하다 남은 여러 악습중생들을 갖가지 방편으로 교화하고 있는데, 그들은 "저희들이 이렇게 중생을 구제하는 것은 모두 부처님의 원력이니, 끝까지 제도하여 한 사람의 악업중생도 남기지 않게 하여 모두 성불케 할 것이니 걱정하지 말라"고 부처님을 위안한다.

세번째, 관중생업연품(觀衆生業緣品)에서는 부처님 어머니 마야부인께서 지장보살의 사연을 듣고 합장하고 지옥중생이 되는 이유와 지옥의 종류에 대해서 묻는다. 이에 지장보살은 그 과보를 낱낱이 설명하는데, 부모님께 불효하고 살생하면 지옥에 떨어지고, 부처님 몸에서 피를 내고, 3보를 비방하며, 경전을 존경하지 않는 등의 예를 든다. 이어 대철위산안에 18지옥과 그 옆에 500지옥이 있음을 말하면서 무간지옥의 잔혹성과 괴로움을 설명한다.

네번째 염부중생업감품(閻浮衆生業感品)은 지장보살의 전생원력에 대한 이야기가 실려 있다. 지장보살이 모든 중생을 불멸 후 다 제도하여 다음 미륵부처님께서 탄생하실 때까지 잘 보살피겠다고 부처님께 서원하니, 부처님께서는 업보중생이 윤회하는 것이 마치 물고기가 그물 속에서 왔다갔다 하는 것과 같은데 지장보살이 구제하겠다 하니 얼마나 다행인지 모른다고 안심하시고 정자재왕보살의 질문을 따라 지장보살의 본생을 이야기하신다.

지장보살은 옛날 옛적 일체지성취여래부처님께서 세상에 태어났을 때, 한나라 국왕으로 태어났는데 이웃나라 국왕이 속히 성불하여 부처가 되겠다고 하니, 나는 악한 백성들을 빠짐없이 다 구제하기 전에는 성불하지 않겠다고 맹세를 한다. 그때 성불을 서원한 국왕은 지금의 일체지성취여래불이고, 악도중생을 건지기 전에는 성불하지 않겠다고 맹세한 자는 지장보살이라고 한다.

다섯번째 지옥명호품(地獄名號品)에서는 보현보살의 물음에 따라 지장보살이 지옥의 명호를 낱낱이 밝힌다. "염부제 동쪽에 철위산이란 검은 산이 있는데 거기 무간, 대아비 4각 비도, 화전, 협산, 통창 … 등이 있다"고 한다.

여섯번째, 여래찬탄품(如來讚嘆品)에서는 이 같은 지옥을 낱낱이 찾아다니면서 죄고 중생들을 구제하는 지장보살에 대하여 보광(普廣)보살의 질문에 따라 부처님께서 크게 찬탄한다. 특히 이 품에서는 지장의 명호를 듣고 합장·공경·찬탄·예배 연모하는 자에 대한 과보를 언급하고 있다. 금·은·동·철로 이 보살의 모양을 조성해 모시고, 한번 쳐다보고 예배드리는 자는 백 번 동안 33천에 태어나되 그 과보가 다하면 인간의 왕으로 태어나며, 여인의 몸을 싫어하는 자는 여인의 몸을 벗고, …… 등을 얻게 된다고 한다.

반대로 지장보살을 비방하고 지장신앙자들을 업신여긴 자의 과보도 함께 서술되고 있다. 지옥에 떨어졌다가 그 과보가 다하면 아귀 축생이 된다는 등의 과보를 소멸하기 위해서는 10재일(1 · 8 · 14 · 15 · 18 · 23 · 24 · 28 · 29 · 30)을 잘 지켜 10선업을 쌓으면서, 이 지장경을 독송 서사하라 한다.

 일곱번째 이익존망품(利益存亡品)은 지장경이 널리 퍼지게 된 이유를 알 수 있는 품이다. 지장보살이 대변장자의 질문을 받고 죽은 자를 위해서 재를 베풀면 큰 이익이 있다고 설명한 곳이다. '사람들이 살아서나 임종시나 죽은 뒤에 불 · 보살 · 벽지불의 명호를 단 한 번만이라도 듣게 하면 전생의 업장이 소멸되어 악도에 떨어지지 않는다'고 하였으며, '죽은 뒤 49재를 지내주면 그 정성의 7분의 6은 산 사람에게 돌아가고 7분의 1은 죽은 자에게 돌아가 해탈 구원의 길잡이가 된다'고 한다.

 여덟번째 염라왕중찬탄품(閻羅王衆讚嘆品)에서는 철위산 밑에서 살고 있는 악독귀왕과 다악귀왕 등의 귀왕들이 그의 권속들과 함께 도리천에 와서 부처님께 예배드리고, 지장보살의 구원실성(久遠實性)의 원력을 들은 뒤 자기들도 갓 태어나는 아이들이나 산모 또 죽어 가는 자와 그 보호자들이 선심을 가지고 방생하며, 진실한 행을 하는 자를 돕겠다고 맹세하는 내용이다.

 아홉번째 칭불명호품(稱佛名號品)에서는 지장보살이 부처님께 과거 무변신여래와 보승여래 등의 많은 부처님의 명호를 소개하고, 이들 부처님의 명호를 쓰거나 부르거나, 이들 부처님께 예배 · 공양 · 찬탄하면 한량없는 복락 · 지혜를 갖추어 전생의 업장을 소멸하고 건강한 몸으로 행복한 생활을 할 수 있다고 말씀하신다.

열번째 교량보시공덕품(校量布施功德品)은 지장보살이 부처님께 중생들의 보시공덕이 경중·장단·대소의 차이가 있음을 보고 묻자, 부처님께서는 8대보시의 공덕을 비교하여 설명한 내용이다. 말하자면, 국왕 대신 바라문 등이 빈민걸인을 위해 보시하면, 백천생 중에 7보를 구족하고 의식이 풍족한 과를 얻는다 등의 보시의 공덕이 구체적으로 언급되고 있다.

열한번째 지신호법품(地神護法品)에서는 견뇌지신(堅牢地神)이 지장신앙 자들에게 10가지 이익을 얻게 하겠다고 부처님께 구하니 부처님께서 크게 칭찬하는 내용이다.

열두번째 견문이익품(見聞利益品)은 다시 부처님께서 이마로 백천억 대광명을 놓아 모든 대중을 비춘다. 그때 대중 가운데 있던 관세음보살이 지장보살의 공덕을 묻는 내용이다.

마지막 열세번째 촉루인천품(囑累人天品)에서는 부처님께서 금색 팔을 들어 지장보살의 이마를 만지시고 그의 불가사의한 신력과 자비·지혜·변재를 찬탄하고 악도중생을 부탁한다. 그때 허공장보살이 지장보살의 공덕을 부처님께 물으니 부처님께서는 28종의 이익과 7종의 이익을 설하신다.

지장보살의 명호를 염하고, 공양하며, 지장경을 읽고, 널리 전하며 중생을 구제코자 지장보살과 같은 원력으로 생활하는 사람은, ① 천룡이 호념하고, ② 착한 일이 날로 불어나고, ③ 성스러운 일들이 모여오고, ④ 보리심에서 물러나지 않고 …… ㉘ 마침내 성불하게 된다는 내용이다.

## 3. 지장신앙의 체계적 이해

### A. 대승 보살도와 지장보살

지장신앙은 중국에 전해진 뒤 도교와의 융합으로 일어난 명부시왕신앙과 습합한 형태로 발전하여 민간신앙으로 뿌리를 내렸다. 우리나라에서도 모든 사찰에서 지장전이나 명부전의 주존으로 모셔져 신앙되고 있다. 그런 지장신앙은 사찰 안에서는 말할 나위도 없고, 때로는 사찰을 떠나서 독자적인 신앙형태를 띠기도 했다. 그러면 이와 같이 민간 일반에 깊이 자리한 지장보살은 과연 어떤 보살일까? 이를 위하여 대승불교의 보살정신 속에서 지장보살의 정체를 밝혀 볼 필요가 있다.

보살이라고 한다면, 적어도 어느 보살에게도 통할 수 있는 보편적인 조건이나 자격이 있게 마련이다. 여기에 반드시 필요한 조건이 바로 '보리심'을 일으키는 것이다. 즉 발심하는 것이다. 보리심이란 무상정등정각심(無上正等正覺心) 즉 '불심'이기 때문에 성문승(聲聞乘)이나 연각승(緣覺乘)에 머물러 있는 사람들은 보리심을 발했다고 할 수가 없다.

보리심의 내용은 대지력(大知力)과 대비력(大悲力)이다. 대지력이란 스스로 인간·사회·대자연 등의 실상을 바로 아는 것으로서 자리면(自利面)이 된다면, 반면에 대비력은 어둡고 어리석기에 괴로움이 많은 모든 중생들을 구제하는 원과 힘을 지니는 것으로서 이타면(利他面)이 된다. 뒤에 이것을 일반적으로 보살의 자리면을 상구보리(上求菩提)라 표현하고, 이타면을 하화중생(下化衆生)이라 표현했다. 이와 같이 대승보살은 서원과 수행의 두 요소, 그리고 자리와 이타의 양면을 구비함으로써 보살이 될 수 있는 것이다.

이러한 보살도를 완성한 이가 부처이며, 이러한 부처를 보신불(報身佛)이라 한다. 보신불은 무한의 신력(神力)과 무량의 생명을 지닌 부처인데, 이 보신불은 '법' 즉 법신불(法身佛)에 의지해서 있다. 그것은 그 서원이 '법'에 대한 자각에 의하여 나타난 것이기 때문이다. 석가모니불도 그 행적을 보아 이러한 원을 동기로 해서 수행하여 정각을 완성하였다고 할 수 있으니, 원(願)과 행(行)만 있으면 그 누구라도 보살로서 언젠가는 부처가 될 수 있다는 공식이 성립한다. 이른바 보살은 그 성격상 어떤 특정한 인물로 한정하지 않는다. 수많은 보살들 가운데서도 문수(文殊)·보현(普賢)·관음(觀音)·세지(勢至)보살과 함께 지장보살(地藏菩薩)은 그 별원(別願) 때문에 각별히 주목되고 불교신자들 사이에 널리 숭배되고 있다. 지장보살 또한 육도에 몸을 나타내어 천상에서 지옥까지의 일체중생을 교화하여 해탈케 하고자 하는 대원대비(大願大悲)의 보살이다. 그러면 이제 지장보살 나름의 독특하고 개성 있는 특징이 무엇인지를 구명해 본다.

### B. 지장보살의 자비스런 서원

　지장보살 전생담에 따르면, 지장보살은 죄고(罪苦)에 빠진 육도중생을 모두 제도·해탈케 하지 못하면 자신은 끝내 성불(成佛)하지 않겠다는 서원을 세웠다. 이처럼 지장은 중생제도의 큰 원을 세워 자신의 성불을 유보(留保)한 보살이다. 그런데 현실적으로 미혹된 중생은 끊이지 않고 계속된다고 보면, 지장은 그의 서원으로 말미암아 사실상 자신의 성불을 포기한 것이나 다름없다. 지장의 이러한 처지로 인하여 그를 대비천제(大悲闡提) 혹은 천제보살(闡提菩薩)이라고도 한다.

천제(혹은 一闡提)란 산스크리트의 이챤티카(icchantika)를 소리에 따라 옮겨 적은 것이다. 일천제가 불전에서 쓰인 예에서는 인과(因果)·업보(業報)·내세(來世)를 믿지 않고, 부처가 가르친 정법(正法)을 비방하여 성불의 인연을 잃어버린 자라고 한다. 곧, 성불을 바라지 않는 무리, 선근이 단절된 무리들이라는 대명사이다. 그러나 대비천제라고 하는 경우에는 부처의 대비(大悲)를 행하는 보살, 즉 bodhisattvecchantika 대비심의 천제보살을 가리킨다. 다시 말해서 중생을 구제하려는 욕심은 있지만 성불하려는 바람은 없다는 뜻이 된다. 그러므로 이러한 보살들은 이미 무상보리를 얻어서 불과(佛果)를 성취하였으나 거기에 머물러 있지 않고, 일체 중생을 구제하려는 커다란 욕심을 가지고 세상에 출현하신 보살을 가리키는 것이라 보는 것이 좋다. 예컨대 문수보살이나 관세음보살 같은 보살은 이미 과거에 정각을 이룬 부처여래이기 때문에 새삼 성불하기를 바라지 않는 점으로는 천제(闡提)라 할 수 있고, 일체 중생을 다 구제하려는 커다란 욕심을 불태우고 있는 점에서 대비천제(大悲闡提)라 한다.

다시 정리해 본다면 천제보살이란 일체 중생이 모두 불성을 소유하고 있으며, 이 심성은 본래 청정하므로 일체 중생이 본래 '부처'라는 확신을 갖게 된 보살이 자리적(自利的)인 상구보리를 원하지 않고, 오직 이타(利他)의 하화중생에만 몰두하여 모든 중생을 남김없이 다 제도하지 못한다면 성불도 하지 않겠다는 원력을 세워서, 그에 따라 무궁한 중생제도의 대비행(大悲行)에만 시종일관하는 보살마하살을 말하는 것이다. 그렇다면 이렇게 보면 대승보살의 중심은 바로 '중생구제의 서원'에 있음을 알 수 있다.

지장보살의 서원의 구체적인 실례를 경전에서 보자. 이 점에 대해서 『지장십륜경』에서는 다음과 같이 설하고 있다.

> 그때 세존께서는 무구생 제석천에게 말씀하시었다:
> "너희들은 마땅히 알아라. 지장이라고 하는 보살마하살이 있는데, 그는 헤아릴 수 없이 먼 과거의 대겁 이전 즉 5탁의 나쁜 시대며, 부처님이 계시지 않는 세계에서 유정을 성숙시켰다.…… 이 지장보살마하살은 불가사의하고 뛰어난 헤아릴 수 없이 많은 공덕으로 장엄하였으므로 어떠한 세계의 성문이나 연각도 그의 공덕을 헤아릴 수 없으며, 이 큰 보살은 미묘한 온갖 공덕의 창고이며, 해탈의 보배가 나는 곳이며, 모든 보살의 밝고 맑은 눈이며, 열반으로 나아가는 사람들의 길잡이이니라. 그는 여의주가 온갖 보배를 쏟아내듯이 누구의 소원이든지 곧 만족시켜 주며, …… 번뇌의 사나운 흐름을 건너는 이를 위해서는 다리가 되고, 열반의 저 언덕으로 가는 이를 위해서는 배가 된다. 이것은 탐하지 않고 성내지 않고 어리석지 않은 세 가지 선근의 훌륭한 과보이며, 세 가지 선근이 끌어오는 한결같은 인과이니라."

이렇듯 지장보살은 고통 받는 중생들을 구제하는 분이다. 가장 고통이 큰 지옥에 떨어진 중생들을 구제하기 위해서 지옥의 지배자인 염라대왕의 몸을 나투기도 하며, 혹은 지옥의 옥졸, 혹은 지옥에 떨어져 고통 받는 중생들의 그 몸으로까지 되어서 그들을 위해 설법하여 그들을 구제하려는 것이 광대무변한 지장보살의 대비원력(大悲願力)인 것이다.

### C. 부처 없는 시대(無佛時代)의 구세주

지장보살은 '부처 없는 시대'의 구세주이다. 곧 부처 없는 시대란 부처가 입멸하여 세상을 떠나 이 세상에 부처가 없는 시대를 말한다. 좁은 의미로는 석존이 입멸한 때로부터 미륵보살이 출현할 때까지의 30억 7천만년 사이의 때를 말한다.

이러한 때는 다섯 가지가 혼탁한 악한시대〔五濁惡世〕로서 유정〔중생〕의 근기가 둔하여 수행다운 수행을 하는 이도 없고, 더욱이 깨달음을 얻는 이도 없고, 겨우 부처의 정법(正法)만 남아있으며, 급기야는 법이 소멸할 것이라는 위기의식이 팽배한 시대를 말한다. 문자 그대로 말법시대〔말세〕인 것이다. 이와 같은 '부처 없는 시대'에 유정을 성숙시키는 일, 곧 일체 중생을 제도하는 일이 지장보살의 일인 것이다. 우리는 이른바 '부처 없는 시대'의 지장의 사명에 대하여 『지장본원경』의 염부중생업감품에서 볼 수 있다.

> 이때 지장보살마하살이 부처께 사뢰었다: "세존이시여, 저는 부처(佛如來)의 위신력을 이어서 백천만억세계에 두루 이 몸의 형상을 나투어 일체 업보중생을 구하여 빼내겠습니다. 만일 여래의 큰 자비의 힘이 아니면, 곧 이와 같은 변화를 짓지 못했을 것입니다.
> 저는 지금 또 부처의 부촉을 받았으나, 아일다(阿逸多, 미륵)가 성불하여 올 때까지 육도중생을 제도·해탈케 하겠습니다. 〔그러니〕 세존께서는 염려하지 마십시오."

우리는 여기서도 다시 한번 미륵불이 출현할 때까지 지장보살이 업보에 허덕이는 육도중생을 제도·해탈케 한다는 서원을 볼 수 있다.

지장이 '부처 없는 세계'에 부처를 대신하여 중생을 제도·해탈케 한다는 것은 불교 신앙사에서 매우 혁신적인 일로 생각된다. 대승경전에 수많은 불·보살이 등장하지만, 이와 같이 한 보살이 '부처 없는 시대' 혹은 '부처 없는 세계'에 일체 중생을 제도하는 사명을 띤 것은 경전에 나타나는 보살들의 세계에서 처음이자 마지막으로 있는 사건이다. 그리고 이때 지장보살은 말하자면 부처 없는 세계의 구세주인 셈이다.

여기서 우리는 부처와 보살이라는 지위상의 차별을 볼 수 있을지언정, 그 역할에서는 부처와 보살의 차별을 볼 수가 없다. 그리고 부처의 지위와 보살의 지위라고 하는 그 지위상의 차별이 있다면 그것은 어디에서 오는가? 그 원(願)을 어떻게 세우는가에 달려 있다. 우리는 여기서 불·보살의 경계를 넘나드는 대단히 창의적이고 자유로운 대승적 사고의 일단을 볼 수 있다.

### D. 몸을 나투어(분신) 구제하는 보살

지장보살은 육도에 윤회하는 중생을 성숙시키고 구제하기 위하여 중생들의 근기에 알맞게 몸을 나툰다. 이와 같은 것은 『지장십륜경』 제1권(서품)에 보이고 있는 바, 대범왕(大梵王)과 세계를 주재하는 신인 대자재천(大自在天)의 몸으로부터 비롯하여 염마왕의 몸·지옥졸의 몸에 이르기까지 여러 가지 모습으로 몸을 나투어 설법하고 있다.

> 이 선남자[지장보살]는 이렇게 내가 말하는 것과 같이 불가사의한 온갖 공덕과 견고한 서원과 용맹정진을 성취하고는, 유정들을 성숙시키기 위하여 시방세계에서 어떤 때는 대범왕의 몸을 나타내어 유정들을 위해 그 근기에 알맞게 설법한다. 혹은 재자천의 몸이 되고 …… 혹은 염마왕의 몸, 지옥졸의 몸이 되며, 혹은 유정들의 몸이 되는 등, 이와 같이 무량 무수한 다른 종류의 몸이 되어 저 유정들을 위하여 그 근기에 알맞게 설법하고, 그 응하는 바에 따라 [그

들을) 물러나지 않는 자리에 편안히 〔데려다〕 둔다.

그리고 『지장십륜경』에서 "갖가지 몸을 짓고 나타내어(現作), 중생을 위해 법을 설하고, 구족하게 보시하는 그 공덕은, 중생들을 가엾게 여기기 때문이다."라 하듯이 지장의 분신(分身)이 중생에 대한 그의 자비와 연민에서 비롯되었음을 드러내고 있다.

또한 『지장본원경』 분신집회품은 바로 그 제목이 시사하는 것처럼 지장보살이 부처의 방편으로 해탈한 무리들과 함께 부처가 있는 도리천궁에 모여서 부처를 뵙고 공양한 후 부처의 수기를 받고, 그 법을 부촉하는 장면을 보여 주고 있다. 여기서 부처는 수기 받을 지장보살에게 "중생이 각각 차별이 있으므로 여러 몸을 나투어 제도하여 해탈케 한다."며, 분신의 까닭은 중생의 근기의 차별 때문임을 밝히고 있다. 이에 부처로부터 부촉을 받은 지장보살은 분신의 방편으로 중생 제도의 서원을 하게 된다.

분신의 이념에 따라서, 지장은 때로는 염라왕의 화신 지옥의 옥졸 혹은 관음보살이나 인로왕보살과 같은 내영(來迎)의 역할을 하기도 한다. 이것이 가능한 것은 그의 서원에 따라서 지장의 중생구제의 의지가 한계가 없음과 더불어 자유로운 나투임〔분신〕이 가능하기 때문이다.

이러한 지장이 몸을 나타내어 육도에 윤회하는 중생을 구제한다는 이념은 육지장(六地藏)신앙 및 삼장보살(三藏菩薩)신앙을 낳기도 했다. 먼저, '육지장신앙'은 지장보살이 육도 구제의 주(主)로서 육도에 능화(能化)한다는 사상에 입각하여, 육지장을 이 육도(六道)에 각각 배치하려고 하는 시도에 따라서 자연스럽게 이루어진 것으로 보인다. 그리고 천장(天藏)·지지(地持)·지장(地藏)의

'삼장보살(三藏菩薩)로서의 지장신앙'은 지장보살 신앙이 더 심화되고 더 확대되어 나타난 것으로 이해할 수 있다. 이는 불타의 법신·보신·화신의 삼신사상(三身思想)의 기능적 논리가 지장보살에게도 적용된 것으로 볼 수 있는데, 아마도 여기에는 지장신앙 자체에서 기인한 분신(分身)사상도 기능적으로 내재했을 것으로 여겨진다.

이상에서 살펴본 지장의 분신 사상은 말할 것도 없이 죄고로 인하여 육도에 윤회하는 뭇 중생들을 제도하여 해탈케 하고자 하는 지장보살의 본원사상에서 비롯된 것이라고 하겠다.

### E. 성문(聲聞)의 모습을 한 보살

지장보살은 불교 신자에 의해 그 친밀함과 소박함 때문에 널리 사랑 받고 있다. 이는 지장보살의 형상(形像)과 지물(持物)의 조각상을 통하여 두드러지게 묘사되고 있다. 일반적으로 지장보살은 삭발한 머리에 석장(錫杖)을 짚거나 여의주를 들고 있는 인간의 모습으로 묘사된다. 이와 같이 인간 모습을 한 보살상은 지장보살상을 제외하면 다른 불·보살로부터 그 유례를 찾아볼 수 없다.

흔히 나타나는 보살들의 모습은 인도 고대의 귀족의 복식에서 기원하고 있는데, 그것을 더욱 더 발전시켜 가장 아름답고 가장 선한 모습으로 표현되고 있는 것이다. 예컨대 관음보살·문수보살·보현보살·허공장보살과 같은 보살은 모두 다 이와 같은 모습을 보여 주고 있다. 이에 반하여 지장보살은 여타의 보살과 같은 형상으로 표현되는 경우가 있기는 하지만, 본래부터 지장보살이라고 하면 몸에 가사를 두르고 삭발한 승려의 모습 곧 성문 혹은 비구형태를 취하고 있다. 이에 대하여 언급된 『지장십륜경』 제1권을 보자.

> 지장은 참 대사(大士)이나, 두타의 공덕을 〔두루〕 갖추고, 성문(聲聞)의 색상(色相)을 나타내고서, 대사(大師)께 와서 머리를 조아린다.

이 글은 '성문의 모습을 한 지장보살'의 모습을 단적으로 잘 드러내고 있다. 지장이 이와 같은 성문의 모습을 하고 있는 것은 이른바 대비천제 보살로서 뭇 중생들의 처소인 세간에 스스로 머물면서 오탁악세에 최고에 빠진 육도 중생을 먼저 제도하지 않고는 성불하지 않겠다는 그의 본원(本願)과 깊은 관련이 있다. 즉 안으로는 대승보살로서 중생제도의 비장한 서원을 지니면서도 한편으로는 중생과의 일체감 내지 친밀감을 갖는 동체대비(同體大悲) 사상이 극명하게 표출된 것이다.

### F. 가장 탁월한 구제력을 지닌 보살

『지장십륜경』 서품에 보면 여타의 대승보살에 비하여 지장보살의 탁월한 구제력을 다음과 같이 묘사하고 있다.

> 선남자(지장보살)여, 설령 어떤 사람이 저 미륵과 묘길상과 또 관자재와 보현을 우두머리로 한 항하의 모래와 같이 수많은 큰 보살 마하살에 대해 영겁동안 지극한 마음으로 귀의하여 그 이름을 부르고 생각하며 예배하고 공양하면서 온갖 소원을 구하더라도, 어떤 사람이 한 식경 동안 지장보살에게 지극한 마음으로 귀의하여 그 이름을 부르고 생각하며 예배하고 공양하면서 소원을 구하여 빨리 만족하는 것만 못하다. 왜냐하면 지장보살은 일체 유정을 이롭고 안락하게 하여 그들의 소원을 만족시키되, 그것은 마치 여의보(如意寶)와 같고 묻어 놓은 창고와 같기 때문이다. 이와 같이

〔이〕 대사(지장보살)는 모든 유정을 성숙시키기 위하여 오랫동안 견고한 대원(大願)과 대비(大悲)와 용맹정진을 저 보살네들보다 더 많이 닦았다. 그러므로 너희는 마땅히 〔그에게〕 공양해야 한다.

　여기서 우리는 미륵·문수·관세음·보현 등 여러 대보살과 지장보살의 구제의 힘이 극명하게 비교된 점에 주목해야 한다. 지장보살에게 한끼의 밥을 먹을 만한 시간(一食頃)이라는 극히 짧은 시간 동안에 소원을 구하여 얻는 것이 미륵·문수·관음·보현 등 여러 대보살에게 영겁(永劫)동안 소원을 구하여 얻는 것보다 더 낫다는 것은 지장의 구제력의 탁월함을 분명하게 드러내 주는 것이다.

　그리고 지장보살의 탁월한 구제력은 그가 모든 유정을 성숙시키기 위하여 오랫동안 견고한 대원(大願)과 대비(大悲)와 용맹정진을 다른 보살네들보다 더 많이 닦았기 때문이라고 한다. 요컨대 지장보살의 탁월한 구제력은 그가 오랫동안 닦은 견고한 대원과 대비와 용맹정진의 결과이며, 그의 이름이 가리키는 바와 같이 그 자신이 바로 자신의 공덕을 묻어 놓은 창고〔伏藏〕인 것이다.

　이상과 같이 지장보살의 원력이야말로 무한한 것이므로 다른 보살들의 발원에는 끝이 있을지언정 그의 사명과 원력은 항하의 모래같이 한량이 없으며 제한이 없다. 그의 사상이 제일 광대하며 그의 서원이 가장 심중(深重)하여 그 공덕이 다른 보살보다 비할 수 없이 수승하다고 함이 당연하다고 할 것이다. 대보살들의 수가 아무리 많다 하더라도 그들의 발원은 끝이 있을 것이나, 지장보살의 대비(大悲)와 대와 대원(大願)은 끝이 없음이 그 특색이다.

　그러므로 스스로는 자신의 악업으로 인한 죄장의 업을 감내하지 못하는 말법시대에 삼악도에 빠진 하근기의 뭇 중생들은 지장보살의 불가사의하고 뛰어나며 헤아릴 수 없이 많은 공덕과 비원에 의하여 구제될 수 있다는 것이다. 이처럼 지장보살은 그 서원의 대비심으로 말미암아 삼악도 특히 지옥 중생의 구세주로 신앙된 것이라 하겠다.

## 4. 지장신앙 실천도

지장보살의 구제력은 어떤 결과를 낳는가? 두 가지로 정리하면 ① 업의 소멸, ② 현세의 이익이다.

먼저 업의 소멸에 대해서 살펴보면, 전생의 업에 의하여 육도를 윤회하며 삼악도에 빠져 죄고를 받는 중생들은 구제자 지장보살에 의해 구제될 수 있다. 바로 업보의 소멸을 이룰 수 있다. 지장보살의 구제력을 높이 선양하고 있는 『지장십륜경』에서도 인과(因果)가 상응함을 믿지 않는 것을 무인론(無因論)이라 하고, 인과를 부정하는 자들을 일컬어서 단멸론자(斷滅論者)라고 비난하며, 그러한 자들은 단견(斷見)에 의하여 목숨을 마친 뒤에는 끝내 무간지옥(無間地獄)에 날 것이라고 경고하는 내용이 있다.

그러나 인과의 사슬을 끊고 전생에 지은 모든 나쁜 업장(業障)을 소멸시킬 수 있는 길이 있다. 『지장십륜경』에서 이르기를 성문과 보살들에게는 '견고한 정진과 서원의 힘으로 말미암아' 일체 사슬을 끊을 수 있으며, '모든 악업을 참괴하고 참회하는 자는 전생에서 지은 일체의 악업을 모두 소멸하게 되어 남용이 없게 된다'고 가르치고 있다.

다음은 현세이익적인 면이다. 바로 지장보살이 중생들에게 아낌

없이 주는 또 하나의 이익이 바로 현세의 이익이다. 즉 『지장십륜경』은 다음과 설하고 있다.

> 또 어느 곳이든 그가 있는 곳에서 만일 어떤 중생이 불에 타고 물에 빠지고 바람에 불리고, 혹은 산이나 바위나 벼랑이나 언덕이나 나무나 집에서 구르고 떨어져서 위험하더라도 지극한 마음으로 지장보살마하살의 이름을 부르고 생각하며 귀의하고 공양하면, 그들은 다 위급한 고난에서 벗어나 다친 데 없이 안온하며, 보살은 그 응함을 따라 그들을 천상에 나게 하여 열반의 길에 편히 데려다 두느니라.
> 또 어느 곳이든 그가 있는 곳에서, 만일 어떤 유정이 마음에 근심과 고통이 있고 몸에 온갖 병의 고통이 있어도 지극한 마음으로 지장보살마하살의 이름을 부르고 생각하며 귀의하고 공양하면 그들 모두가 몸과 마음의 안락을 얻고 온갖 병이 나으며, 보살은 그 응함을 따라 그들을 천상에 나게 하여 열반의 길에 편히 데려다 주느니라.

또한 『지장본원경』에서는 이러한 지장보살을 신앙하는 중생이 얻게 되는 이익에 대하여 좀더 자세하게 다음과 같이 밝히고 있다.

> 지장보살형상을 그리거나 금·은·동·철로 조성하여 모시고 향을 사루어 공양하며 예배하고 찬탄하면, 이 사람이 사는 곳에는 열 가지 이익을 얻게 될 것이니 첫째는 토지가 풍년이 들것이요, 둘째는 집안이 편안할 것이요, 셋째는 죽은 조상이 천상에 날 것이며, 넷째는 부모가 오래 살 것이요, …… 열째는 훌륭한 인연을 많이 만날 것입니다.
> …… 또 미래세 가운데 만일 선남자 선여인이 사는 곳에서 이 경전과 지장보살 형상을 보고 다시 경전을 읽고 외우며 공양하면 지신이 항상 신력으로써 이 사람을 보호하여 불과 물과 도둑과 크고 작

은 횡액과 일체 악한 일은 다 없게 하오리다.

그때에 부처님께서 허공장보살에게 "자세히 듣고 자세히 듣거라. 내가 마땅히 너를 위하여 분별하여 말하리라. 만일 미래세에 선남자 선여인이 지장보살 형상을 보거나, 이 경전을 읽고 외우며 향·꽃·의복·음식·보배로 공양하고 찬탄하며 예배하면 스물 여덟 가지의 이익을 얻으리니. 첫째는 호법천봉의 수호요, 둘째는 좋은 과보가 날로 더함이요, 셋째는 훌륭한 인연을 모음이요, 넷째는 보리심이 물러나지 않음이요, …… 스물 여덟째는 마침내 성불함이니라."

그렇다면 지장보살의 탁월한 구제력에 대해서 우리가 해야할 것은 무엇일까? 우리는 앞에서 우리가 여러 가지 어려움에 처해 있을 때는 지장경을 읽고 지장보살을 모시고 공양하고 공경하며 기도한다던가, 지장보살의 이름을 부르고 귀의하고 공양한다던가, 향을 사루어 공양하며 예배하고 찬탄해야 한다고 보았다.

이를 달리 말하면 지장기도가 된다. 지장기도는 매월 1, 8, 14, 15, 18, 23, 24, 29, 30의 십재일(十齋日)마다 하거나 7일 동안 지장보살의 명호를 만 번씩 염하면 업장이 소멸하여 모든 일이 순조로워진다고 한다. 또, 돌아가신 영혼을 위하여 칠칠(49)일 동안 지장경을 읽고 지장보살에 공양하고 예배하면 망령에게 죄업이 있다면 죄업이 소멸하고, 염라천자의 도움으로 인간이나 천상에 태어나서 승묘한 낙을 얻게 된다는 것이다. 그러나 이런 기도를 바탕하고 있는 것이 있음을 알아야 한다. 바로 십선업(十善業)의 실천이다.

『지장십륜경』에서는 지장기도를 하되 반드시 십악업을 짓지 않고 십선업을 실천하겠다는 참회를 해야 한다고 하고 있고, 지장신앙을 보여 주는 『점찰선악업보경』에서는 선악의 과보를 점치며 생각하기를 이렇게 말하고 있다.

> 나는 지난 세상에 이와 같은 선한 업을 따랐기 때문에 지금 이 과보를 얻게 된 것이다. 나는 이제 다시 나아가 닦기를 쉬지 않아야 하느니라. 다만 나는 지난 세상에 이와 같은 악한 업을 지었으므로, 그 때문에 지금 이 과보를 받는 것이니, 나는 지금 이 악한 업을 참회하여 오로지 대치하여 닦고 게으름에 머물러 점차 다시 가지가지의 고통의 무더기를 더 모이지 않게 하리라.

이 글에서는 십선업을 닦을 것을 권유하고 있다.

『점찰선악업보경』에서는 지장보살이 무명의 어리석은 죄업을 참회하고, 신해(信解)를 닦으면, 일체법의 불생불멸의 차별 없는 경계에 이르게 되니, 비로소 고요하여 하나의 맛이 되므로 진여(眞如) 자성청정심(自性淸淨心)이 된다고 한다. 또 모든 중생은 본래 자신의 몸 안에 모든 부처님의 법신이 본래 갖추어져 있으니, 만약 법신을 덮고 있는 번뇌가 점차로 없어지면 열반의 도가 드러나게 된다고 하니, 우리는 육바라밀을 닦고 선업을 수행하고, 보살이 되고 나아가 마지막에는 무명의 잠을 완전히 여의면 부처가 될 수 있는 것이 지장신앙의 실천도이다.

곧 우리가 선업을 닦으며 지장기도를 하고 대비 보살행을 실천하면, 결국에는 참 깨달음에 이르게 되어 바로 성불을 이룰 수 있는 것이다. 이렇게 보면 지장보살의 신행(信行)은 성불의 공덕을 성취하는 것이라고 볼 수 있다.

## 5. 대승 보살과 지장보살의 비교

우리 나라 지장보살신앙은 크게 세 가지 흐름을 지니고 있다고 볼 수 있다. 첫째는 미륵신앙과 연결된 신앙형태이고, 두번째는 아미타의 정토신앙과 관련된 신앙형태이며, 세번째는 명부시왕신앙과 연결된 신앙형태라 하겠다. 이러한 흐름과 관련된 지장보살을 다른 불·보살과의 관계 속에서 비교하여 살펴보는 것도 지장의 특징을 밝히는 데 어느 정도 도움이 될 것이다.

### A. 아미타불과 지장보살

보통 죄업 많은 중생들을 구제한다는 면에서 볼 때, 석가모니불은 믿는 중생들의 근기가 성숙하였을 때 세상에 출현하시며, 아미타불은 믿는 중생들의 임종시에 비로소 오시어 맞아 가신다. 하지만, 지장보살만은 중생의 근기가 성숙할 때나 임종 할 때를 기다릴 것도 없이 언제나 중생들이 윤회하는 육도의 그 길가에 서서 낮이나 밤이나 쉼없이 고통 받는 중생들 속에 섞여서 그들을 적극적으로 구제하신다.

특히 아미타불이 서방 정토의 주존불로서 뭇 중생을 서방정토에 태어나게[來迎] 하는 구세주라면, 지장은 지옥의 구세주라고 하겠다. 사실, 『지장십륜경』·『지장본원경』등 이른바 지장삼부경에는 지장과 아미타정토와 연결된 사상이 없을 뿐더러, 극락 왕생에 관한 기록을 볼 수가 없다. 초기의 지장신앙에서도 아미타불과 지장보살과는 관계가 없었다. 이른바 대비천제인 지장보살은 아미타불과 같이 정토를 가지고 있지 않았다.

그런데 시간이 흐르면서 역사적으로 중국의 경우는 약 7세기의

용문석굴(龍門石窟)의 지장조상의 명문에는 지장신앙이 아미타 정토교와 결합하여, 사망한 친족의 추선(追善)을 원하는 명문이 대부분이다. 일본의 경우에 헤이안 말기의 지장설화에 보면 지장과 아미타가 함께 신앙된 경우에 지장은 주로 지옥구제의 면에서 익숙한 아미타 신앙을 보충한 것으로서 민중에게 받아들여지게 된 것이다. 이에 비하여 우리 나라의 경우는 지장보살이 간혹 아미타 존상을 오른쪽에서 협시하는 경우가 있으나 그리 일반적인 경우는 아니다.

일반적으로 지장은 사실상 독립된 명부전의 주존으로서 아미타불에 대해서 비교적 독립성을 유지하면서 망자의 추선공양의 대상으로 존재하고 있는 것이다. 이를 미루어 보면 지장 교의가 나타나 있는 지장관계 경전에서는 아미타불과 상관없이 독립된 보살로서 지장신앙이 형성된 것이, 후에 망자의 추선공양과 관련된 의례에서 이 양자가 기능적으로 결합된 것으로 볼 수 있을 것이다.

### B. 관세음보살과 지장보살

문수·보현·관음·세지와 같은 대보살이라 하더라도 이 보살들은 이미 과거의 오래 전에 성불하였거나, 또는 일체 중생을 모두 성불시키는 일과는 직접 관계없이 어느 땐가 성불한다는 수기(授記)를 받고 있다. 따라서 언젠가는 성불할 부처의 후보자들이며, 그래서 미래에 성불할 기약이 있는 보처(補處)의 보살들인 것이다.

이에 비하여 지장보살은 그렇지 않다. 왜냐하면, 보처의 보살이란 뜻은 부처의 존처(尊處)를 보충한다는 것이니, 장래에는 부처가 되어서 앞의 부처의 지위를 보충하는 보살인 것이다. 따라서 부처의 후보자, 부처가 될 예정자인 최고위의 보살이다. 즉 미륵보살이나 관세음보살을 비롯한 여타 많은 보살은 뚜렷하게 보처 보살로서의 성격이 있지만 지장보살은 보처보살이 아니다.

또 관음·지장 두 보살이 모두 대중신앙의 중심을 이루는 점에서는 같다. 그러나 그 특징적인 차이 가운데 하나는 관음보살은 십일면관음·천수관음·여의륜관음 등을 포함하여 모두 일곱 가지 종류로 구별되어 여러 가지 신앙의 내용이나 형상들의 차이나 변화를 규정하고 있지만, 지장보살은 기껏해야 보살형과 성문형의 두 종류만 있으며 비교적 단순한 신앙이 전개되어 난해한 내용도 없이 대중에게 밀접한 보살이라는 점이다. 결과적으로 지장은 중생구제의 방편으로 여러 가지 몸을 나투는 점에서는 관음과 크게 다를 바 없지만, 그 신앙의 표현양식의 -조상(造像)들- 면에서는 관음이 전형적인 보살의 모습을 띠고 있는 데 반하여, 지장은 수행비구의 모습을 지닌 지장 본래의 이미지가 계속 견지되어 오고 있다.

또한 우리 나라의 경우만 보더라도 관음은 불자 대중의 현세이익의 수호자로 공경하고, 지장은 지옥 중생의 구제자로서 망자천도의 길잡이로 공경하고 있다. 이처럼 관음과 지장은 불자 대중의 현세와 내세의 욕구를 채워주는 완전한 앙상블을 이루어 기능적인 역할 분할이 비교적 잘 되어 있다. 그러나 한편으로는 각각 특징적 차이를 보이고 있기도 하다. 관음은 전형적인 보살로서 중생의 고통을 지그시 들어 주는 귀인의 면모를 보이고 있는 데 반하여, 지장은 수행자의 모습으로 대중 한 가운데 머무는 친근한 보살의 이미지를 지니고 있다고 하겠다.

**參考資料**

實叉難陀譯,『地藏菩薩本願經』, 大正新脩大藏經第13卷.
고성훈 편저,『지장경』9판, 서울: 우리출판사, 불기 2540.
김현준 편역,『지장보살본원경』, 서울: 도서출판 효림, 2000.
裵妙璨 譯,『地藏經』五版, 韓國東洋實相寺, 佛紀 2995.
신춘열 옮김,『업설지장경』, 광주: 이바지, 1996.
正一 編譯,『지장경』, 서울: 寶蓮閣, 1987.




### 지장보살본원경

편역 牛迅

1998(2542)년 7월 1일 초판
2017(2561)년 7월 25일 6판 2쇄

펴낸이: 신지연
펴낸 곳: 정우서적
신고 1992.5.16. 제300-1992-48호
서울 종로구 삼봉로 81 두산위브파빌리온 1231호
전화: 02/720-5538; 다음카페: 정우북스

정가: 6,000원

ISBN 89-8023-083-4  03220